2019
中国牧草产业经济

Zhongguo Mucao Chanye Jingji

王明利 等 著

中 国 农 业 出 版 社
北 京

本研究得到“国家现代农业产业技术体系建设专项资金（CARS-34）”的资助，特此感谢！

国家牧草产业技术体系
产业经济功能研究室全体成员

首席科学家： 张英俊

研究室主任： 王明利

团 队 成 员： 杨　春　石自忠　刘亚钊　崔　姹
包利民　倪印锋　杨钰莹　于　梅
李俊茹　高海秀　李鹏程　马晓萍

前言

牧草产业是农牧业生产生态系统良性循环的中枢产业，是保障居民消费结构提档升级的重要产业，是新时代不断满足居民对美好生活需要的必备产业。伴随着供给侧结构改革的推进，绿色、健康、高品质的草食畜产品的消费需求对牧草产业的发展提出了更高的要求。非洲猪瘟暴发、中美贸易摩擦加剧、新冠肺炎全球蔓延等国内外风险的加剧使得产业的稳定高质量发展成为当前的重要任务。在此背景下，对牧草产业及草食畜牧业经济重大问题及热点议题从国内与国际视角进行全面系统研究，可为草牧业及草畜产品市场供需双方决策提供重要参考依据，亦可为政府宏观调控草牧业提供重要决策支撑。

围绕当前牧草产业及草食畜牧业经济的市场环境的变化、重大问题及热点议题，本书具体开展如下四个方面的专题研究。其一，围绕牧草产业当前面临的重大问题，剖析我国牧草产业发展面临的困难与问题，提出饲草产业发展的总体思路及重点任务。其二，围绕牧草生产及高产高效关键技术的经济效益、生态效益、社会效益对产业进行深入研究，追踪近几年牧草生产成本、收益、市场价格等的变化规律，对其生产效率进行研究，阐明政策调整思路。其三，围绕进出口贸易市场，系统剖析世界及我国草产品贸易新格局。其四，围绕草食畜牧业热点议题对从产业生产主体及消费者行为视角进行全新阐释，以推进供给侧结构改革。本书相关研究的最大特点在于，从宏观及微观视角对我国牧草及草食畜牧业的发展进行深入思考；深入基层实地调研，基于客观事实与鲜活案例就相关议题展开系统剖析；基于调研数据及统计数据，借助国际经典或前沿研究方法，对产业与市场发展规律进行科学度量；发现产业和市场发展过程中呈现的客观规律及存在的突出问题，为生产和政策决策提供重要参考。

本书是国家牧草产业技术体系产业经济研究室团队成员2019年的部分研究成果。本书出版之际，要特别感谢国家牧草产业技术体系首席科学家、各岗位科学家及综合试验站对本研究工作给予的大力支持与帮助，感谢各位同仁针对相关议题提出的宝贵问题与建设性意见，感谢农业农村部畜牧兽医局及全国畜牧总站在调研及相关数据收集中给予的指导及相关便利条件，感谢地方主管部门在调研过程中给予的大力配合与支持。同时，作为阶段性研究成果，本书难免存在诸多问题与不足，课题组将进行进一步深入探索，也恳请读者对本书提出宝贵批评意见和修改建议。

王明利

2020年8月

目 录

牧草成本收益与效率专题

草产品贸易专题

草食畜牧业专题

牧草产业发展专题

2019 年我国饲草产业发展研究报告

王明利　张英俊　李新一　杨　春

饲草是指草食家畜可食用的草本植物，以及可食用的灌木、半乔木。饲草产业是通过草畜结合，饲草生产、加工、销售、流通等环节为养殖业服务的产业，与畜牧业是相辅相成的产业，是草食畜牧业发展的重要基础和保障。发展饲草产业是在我国按照经济、政治、文化、社会、生态文明建设“五位一体”总体布局，推进新型工业化、城镇化、信息化、农业现代化、绿色化“五化同步”协同发展的新形势下提出的新任务新要求，是农牧业生产生态系统良性循环的中枢产业，是保障居民消费结构提档升级的重要产业，是农业供给侧结构性改革中需做大做强的关键产业，发展饲草产业有助于保障包括粮食在内的食物安全。

一、我国饲草产业发展基本情况

我国有悠久的饲草种植历史，形成了饲草作物与粮食作物、经济作物轮作、间作、套作的耕作习惯。饲草作为一个产业，起步于“西部大开发”，并伴随 2008 年“三鹿婴幼儿奶粉”事件后的奶业重建而逐步成长起来。2015 年中央提出大力发展“草牧业”，饲草产业进入加速发展阶段，目前已取得明显成效。

（一）生产水平持续提升，生产区域布局初步成型

2017 年，全国商品草种植面积 2 002 万亩*，产量 1 019 万吨，分别比 2001 年增加 6.3 倍和 5.8 倍；饲草种子总产量约 7 万吨，涉及 40 余个种

* 亩为非法定计量单位，1 亩＝1/15 公顷。——编者注

类，其中饲用燕麦、披碱草、老芒麦、羊草等饲草种子国产优势较明显，具备出口潜力；饲草料生产相关机械装备量达到 29.2 万台（套），比 2011 年增加了 74.3%，集约化规模化苜蓿、燕麦、青贮玉米商品草生产全程机械化作业水平大幅提升。就生产区域布局看，目前，我国饲草生产的"一带两区"格局初步成形，"一带"即北方苜蓿产业带，"两区"即东北羊草生产区和南方饲草生产区。

（二）产业框架初步形成，经营模式多元化兴起

目前我国已经初步构建起包括人工种草、饲草收获与加工、草种生产、饲草机械、草地放牧和草业服务在内的产业框架，产值约 4 000 亿元。形成了一批以内蒙古阿鲁科尔沁旗"中国草都"等为代表的高度规模化专业化产业聚集区。建立了一支由 1 000 余家经营主体的 20 多个工种、近 5 万专业人员组成的产业队伍。形成了专业化生产加工、草畜结合、草田轮作等多元化、创新型经营模式，延长了产业链条。

经过近十多年的快速发展，饲草产业的生产经营模式逐步呈多元化发展。目前主要包括以下四类：一是"种养加销技"一体化。通常为"牧草种植、牲畜饲养、畜产品加工、市场销售以及科研技术为一体"的农业产业化龙头企业。二是"企业＋合作社/农户"草畜联合体。该模式多为"养殖企业与种草主体（合作社/农户）或牧草加工企业与养殖主体（合作社/农户）"的草业牧业联合体。三是专业化牧草生产加工经营主体。该模式大致又可划分为两种类型，一类是整县或整村推进式的牧草种植和加工，一类是"草产品加工企业＋种草主体"的合作式经营。四是"草＋"经营模式。即将饲草产业和畜牧业以外的产业联合经营以获取经济效益，含"与种植业联合的草田轮作、与林业联合的草林间作、与旅游业联合的草业观光旅游"等。

（三）国产草品种丰富多样，区域特色品种正在兴起

国产草品种比较丰富。截至 2018 年底，共登记 559 个国审草品种，包括 208 个育成品种、121 个野生栽培品种、171 个引进品种、59 个地方品种。目前，推广面积较大的国产苜蓿品种有公农、龙牧、中苜、中草、草原、甘农、新牧等系列品种 100 余个，青贮玉米品种有雅玉、京科、大京九等系列品种 100 余个，羊草品种有中科、吉生等系列品种 7 个，饲用

燕麦品种有青引等品种10个，老芒麦和披碱草品种有15个，多花黑麦草品种有18个，鸭茅品种有16个，杂交狼尾草品种有15个。

区域特色优势草种正在兴起。苜蓿、羊草、饲用燕麦、无芒雀麦、苏丹草、青贮玉米、饲用高粱等为适合北方地区的主要品种，披碱草和老芒麦、饲用燕麦等为适合青藏高原的主要品种，青贮玉米、多花黑麦草、杂交狼尾草、鸭茅、白三叶、柱花草等为适合南方地区的主要品种。在“粮改饲”试点实施以来，青贮玉米作为一个重要的饲草品种取得了快速发展。2018年，全株玉米以外的饲草收贮量达150万吨，丰富了优质饲草料资源，奠定了多元发展的基础。

（四）种植技术相对成熟，加工利用技术起步较晚

我国的饲草种植技术运用较为成熟。轮作、混播、间作技术被广泛使用。一是饲草轮作。北方地区主要为苜蓿与玉米、小麦等作物轮作，种植面积约900万亩，生产饲草722万吨；南方地区主要为多花黑麦草与水稻轮作，面积达581万亩，生产饲草599万吨。二是饲草混播。我国南方草山草坡、北方天然草地改良和多年生放牧利用型人工草地建植多采用混播技术。目前，南方丘陵地区白三叶与多年生黑麦草和鸭茅混播面积200余万亩，北方地区苜蓿与羊草、苜蓿与无芒雀麦混播面积约5万亩，青藏高原一年生饲草燕麦与箭筈豌豆混播面积约10万亩。三是饲草间作。目前主要包括林草间作和饲草间作，在华北地区郁闭度较小的林间种植苜蓿、黑麦草等，用于养猪、养鹅或养羊。在商品草生产方面，近年来也逐渐探索并开始广泛应用技术措施，如，针对不同区域降雨量的季节性差异有春天播种、夏季播种、秋季播种，还有麦后播种、小麦套种苜蓿等；针对苜蓿出苗率低的问题，总结出来的苜蓿与谷子混播技术等；针对雨季苜蓿难以收获的问题，总结出来的苜蓿套种玉米等技术都是不同区域实践中摸索出来的实用技术。

饲草利用与加工技术起步较晚。饲草的利用方式主要包括割草和放牧，其中割草方式收获的饲草可进一步加工为干草捆、裹包青贮、草块、草颗粒和草粉等草产品类型，2017年生产量分别为381.8万吨、217.2万吨、56.9万吨、55.9万吨和26.5万吨，分别占商品草产品总产量的51.8%、29.5%、7.7%、7.4%和3.6%。我国长期以来加工产品最为广泛的是干草捆和草粉，而裹包青贮则是近年来才逐渐发展起来的，所以这项技术在国内不同区域发展得也不够成熟一致，导致产品质量差距很大，特别是苜蓿草的裹包青贮质量差异性更大。饲草利用与加工技术起步较晚还与相应环节的机械技术不能及时跟上有很大的关系。

（五）政策支持逐步增强，政策效果正在显现

近十多年来，我国围绕牧草产业发展密集出台了多项行之有效的政策措施。如，2011 年国家启动实施草原保护补助奖励机制，同年国家又启动了“振兴奶业苜蓿行动计划”；2015 年中央 1 号文件提出了实施“粮改饲”试点，发展草牧业。此后，每年的中央 1 号文件中都将发展牧草产业作为农业农村发展中的重要任务之一特别说明。此间，农业农村部也先后发布了《关于促进草牧业发展的指导意见》《关于北方农牧交错带农业结构调整的指导意见》等指导性文件。

随着中央先后实施了退耕还林还草、振兴奶业苜蓿发展行动、粮改饲试点、南方现代草地畜牧业推进行动等项目，地方财政也加大了投入力度。牧草产业发展进入了快车道。据统计，2017 年我国商品草面积为 2 002万亩，产草量达到 1 019 万吨，自 2015 年粮改饲试点以来，2018 年粮改饲示范面积已经达到 1 300 多万亩，示范的青贮玉米产量达到 4 000 万吨，这些都有力促进了牧草产业的发展壮大。

二、当前饲草产业发展面临的困难和问题

我国饲草产业发展虽然取得了阶段性成绩，但由于作为一个产业发展起步较晚，发展年限短，再加上受到资源环境等多重因素制约，实现高质量发展还有很多困难。

（一）产业基础不牢

在饲草种植方面，尚未形成适宜草地修复改良和种植业三元结构中切实加强草的地位的态势，特别是粮草轮作的重要性还没有得到广泛认识和大范围实施，不同区域不同牧草种类生产的标准化路还很长。在物流运输方面，仅有内蒙古和甘肃两省区试行“绿色通道”，其他省份在冬春缺草

季节调运饲草的运输成本很高。在产业链条构建方面，基本的链条框架已经构建起来，但某些环节还很薄弱，如种植中适宜品种的选择、安全越冬的技术还不够成熟，收储中抵御自然风险的能力和经验总体不足，草产品标准化程度低且质量参差不齐。在经营主体发展方面，制度供给仍显不足，表现为政策引导与扶持力度不够、发力不均衡、政策预期与落实效果有较大差距。生产经营主体竞争力和可持续发展能力比较弱，目前年产值超亿元的牧草企业仅有16家，占调查企业总数的1/10，一半以上的企业年利润不到500万元，年产万吨以上苜蓿草的生产加工企业仅有66家，占苜蓿草生产企业总量的15.6%。

（二）支撑保障不足

在饲草品种繁育方面，与饲草产业发达国家相比，我国自主选育品种的数量和质量呈现双重弱势。虽然我国近年来审定草品种有所增加，截至2018年底登记559个，但数量仅为美国的1/4；国产饲草种子绝大部分世代不清、品种混杂；草种良繁市场转化机制不健全，饲草新品种应用转化率低，大面积有效转化应用率不足20%；草种生产技术不规范，机械配套差，草种产量波动幅度大。目前国内苜蓿草种子一般只供应国内需求的50%左右，其他如三叶草种子、羊茅种子等80%以上依赖进口。在病虫害防控方面，常见的900多种饲草有近3 000种病害、1 000多种虫害，仅苜蓿就有20多种病害和30多种虫害。随着饲草规模化、集约化水平的提升，病虫害还有扩散蔓延和加重发生的趋势，可能给饲草产业带来较大损失。当前我国饲草重大病虫害防控技术手段薄弱，底数不清、规律不明、防控技术和药剂缺乏。在机械装备方面，2017年饲草收获机械总动力仅有2 000多万千瓦，占农业机械总动力的2.3%。满足国内丘陵山区的小型生产机械缺乏，丘陵山地小型饲草生产机械化率不足5%。国内外饲草生产机械装备差距较大。国外机械相对性能好但价格高，普通经营主体只能望而却步，而集约化规模化饲草生产企业资金实力相对优越，为了提高生产效率大多从国外引进大型机械，又导致一些地区或企业的牧草机械“吃不饱”，生产效率低。

（三）供需矛盾突出

一是优质牧草供给严重不足。我国中高产奶牛每年对优质苜蓿草的需求量约为500多万吨，国产数量只有360万吨左右，但一级草产品仅占20%～25%，每年需进口130多万吨的苜蓿草。此外，我国奶牛饲草实际饲喂量与最优饲喂量还有较大差距，肉牛和肉羊养殖中只有大规模场饲喂干草料和青贮饲料，优质牧草基本上吃不到。如果达到美国等草牧业发达国家草食家畜饲喂水平，商品草产量至少需要新增1 800万吨。二是草畜空间结合不紧密。我国牛羊等草食畜牧业主要分布在北方牧区、传统农区、南方草山草地、农牧交错带等四大区域，而当前的饲草区域布局使得很多区域无法实现草畜及时有效衔接，有草无畜和有畜无草现象频现，草畜结合的综合效益很难发挥，制约草牧业的持续快速发展。特别是东北地区，牧草产业发展潜力巨大，粮改饲任务艰巨、粮草轮作的实施更为紧迫，但当地牛羊等草食畜牧业发展萎缩严重，难以带动牧草产业快速发展。

三、推进饲草产业发展的总体思路

（一）总体思路

把握全面建成小康社会、农业供给侧结构性改革及绿色高质量发展的重大机遇，主动适应现代草食畜牧业发展新趋势新要求，以市场需求为导向，以提高发展质量、增加效益和提升竞争力为中心，以科技创新为动力，以粮改饲、商品草基地建设等工程项目为抓手，构建农牧结合、区域联动的饲草良种繁育、种植、加工、储运、销售和抗灾保畜保障机制，通过“补链、延链和强链”，不断夯实和提升现代饲草产业体系，促进饲草产业和草食畜牧业持续稳定发展；调整优化饲草产业区域布局，实施粮草轮作、果草间作等种植模式，大力发展规模化牧草良种及饲草生产基地，建立和完善饲草产业生产体系；重组优化现有牧草企业，扶持和培育具有竞争能力的饲草加工龙头企业，采取“龙头企业＋专业合作社＋大户”等经营模式，提高组织化程度，完善饲草产业经营体系；推进技术、产品和经营模式创新，提高饲草安全保障能力，推动全产业链融合发展，力争“十四五”末建成规模化、标准化、品牌化的现代饲草产业，为畜牧业率先实现现代化提供有力支撑。

（二）发展目标

1. 发展目标

短期内充分挖掘和整合各方资源、瞄准国际标准，强化饲草产业发展基础，提升产业自身素质和竞争力水平，基本实现优质牧草的充足供应；长期内将形成育种、机械、生产、加工、流通和销售完整的、各环节协调发展的产业体系，为草食畜牧业的持续发展提供优质、充足的饲草供给（国内供应占80%以上）。

2. 具体目标

（1）到2025年，优质苜蓿商品草留床面积达到1 200万亩，商品草单产达到600～700千克；燕麦草种植面积达到300万亩，单产达到600千克；青贮玉米种植面积达到3 000万亩，单产达到4 000千克左右。

（2）到2025年，优级草和一级草比例达到30%～40%；牧草产业的科技进步贡献率达到50%以上；牧草生产的区域布局进一步优化，草畜结合更为紧密。

（3）苜蓿草种子的繁育水平显著提升，国产苜蓿品种的推广应用率达到60%以上；牧草收获机械的研制水平得到提升，符合国内小规模生产的机械种类显著增多。

四、优化饲草产业发展的区域布局

通过补播改良、农田种草、“三闲田”利用、“粮改饲”实施、“粮草轮作”、“果草间作”等措施和模式实施，实现牧草生产由“两带一区”转向“四带一区”。

（一）北方天然草原抗灾保畜饲草生产带

1. 区域特点

本区主要分布在大兴安岭-阴山-贺兰山-青藏高原东缘一线的北部和西部的高海拔高纬度地区，涉及内蒙古、新疆、甘肃、青海、西藏等主要草原畜牧业省区。本区基本是我国的天然牧区，“一刀切”的禁牧，既浪费优质资源、又明显增加火灾风险。根据不同区域的自然特点和植被条件，在适宜区域进行适度补播改良和适度放牧利用，既可有效改良修复草场，保障草原生态修复，又可充分利用优质资源，促进牧区增收。

2. 发展方向

坚持“生态为主、修复与利用相结合”的方针，加强草原生态改良修复，提高天然草原生产能力。引导流转整合草场，在适宜区域实施补播改良，建立饲草储备机制；继续治理草原鼠虫害，强化对雪灾、旱灾、火灾等的防灾减灾能力建设，突出加强牲畜棚圈建设和饲草储备，提高抗灾保畜和冬季补饲能力。

（二）农牧交错区饲草生产带

1. 区域特点

本区域属于沿东北西南向展布，空间上农牧并存，时间上农牧交替的农牧过渡带或农牧交错带。北起大兴安岭西麓的呼伦贝尔，向西南延伸，经内蒙古东南、冀北、晋北直到鄂尔多斯和陕北；干湿波动明显，昼夜温差大，降水量集中，有利于植物生长中的养分积累，适宜发展草牧业。

2. 发展方向

因地制宜建设放牧型人工草地或专业化商品饲草基地，发展种养结合，实现草畜系统的耦合。大兴安岭西麓、吉林西部、辽宁、内蒙古东南、宁夏南部等适宜区域，可构建放牧型人工混播草地，放牧母畜，提供充足的架子牛、架子羊；长城沿线沙化退化地区重点发展旱作节水饲草业；黄土丘陵沟壑水土流失地区着力推进退耕还草、人工种草，提升旱作节水饲草种植规模；京津冀水源涵养地区加强地下水超采区综合治理，发展山坝生态型种养业和节水型饲草，加强天然草原合理利用和优质饲草料生产；陕北地区充分利用优质林果基地，发展林草畜复合系统。

（三）黄河滩区饲草生产带

1. 区域特点

本区位于黄河下游两岸大堤之间，主要集中在陶城铺以上河段，涉及河南、山东两省，面积 3 154 平方公里。受特殊地理环境等因素制约，滩区洪灾风险大，自救能力差，产业发展以种植业为主。该区域是河南、山东两省草食畜牧业特别是奶业发展的传统优势产区，按照河南省、山东省《黄河滩区居民迁建规划》，迁建后的滩区发展规模化饲草产业优势突出。

2. 发展方向

将饲草产业发展纳入黄河滩区生态发展规划，并与“草牧业”发展意见、沿黄区域奶业发展专项规划等相衔接，实现生产与生态有机结合。因地制宜发展苜蓿草、青贮玉米、小黑麦等人工草地，根据不同季节调制干草或制作裹包青贮等商品草产品。鼓励专业化的饲草企业流转土地，实施规模化种植；引导其适度集聚、链式发展，建设饲草产业示范园，示范带动滩区饲草产业发展，促进滩区高效种养业转型升级。

（四）南方低山丘陵区饲草生产带

1. 区域特点

本区位于我国南部，涉及江苏、浙江、安徽、福建、江西、湖南、湖北、广东、广西、海南、重庆、四川、贵州和云南 14 省份。主要分布在亚热带和热带的低山和丘陵地区，海拔 1 000 米以下，多以林草复合形态存在，1 000～2 500 米多为山地草甸。本区域降雨量高，产草量高，天然饲草资源丰富，但调制草产品比较困难。

2. 发展方向

加大草山草坡开发利用力度，尽快形成我国新的饲草生产区。山地草甸地区加快草地改良，有效实施补播改良，建设现代化放牧型草牧场；高坡度林草复合地区通过补播混播牧草、除杂、修建牧道、划区轮牧等措施，加强放牧利用；低坡度丘陵山地通过适度规划，特别是要对原有林木的适度稀疏以适应机械化作业，大力发展人工种草。

（五）种植业三元结构调整区

1. 区域特点

依据《全国种植业结构调整规划（2016—2020 年）》，该区域包括东北地区、黄淮海地区、长江中下游地区、华南地区、西北地区和西南地区。本区域水热条件较好，既是农业集中产区，也是草食畜牧业适宜发展区。区域内自然、立地和气候条件差异很大，“三闲田”资源较多，林果面积较大，是发展粮草轮作和林（果）草间作的重点区域和土壤生态环境急需改良的区域。

2. 发展方向

东北地区根据牛羊等草食家畜规模，稳步扩大青贮玉米、苜蓿、羊草、饲用燕麦等饲草料作物种植规模，主要在连年种植玉米的区域构建合理的轮作制度；草产品主要为堆贮、裹包青贮或干草捆。西北地区要进一步提升生产水平，种植苜蓿、青贮玉米、饲用燕麦等饲草作物，不断夯实饲草种子扩繁、饲草生产和草产品加工基地；重点对种植向日葵、小麦的区域，有效利用春闲田、秋闲田种植燕麦草，实施粮（经）草轮作；草产品主要为干草捆、草颗粒、裹包青贮等。黄淮海地区重点推广实施“粮改饲”，即根据市场需求，将夏玉米改作全株青贮玉米、苜蓿、饲用燕麦、饲用小黑麦、高丹草等优质饲草料生产，建设现代饲草料生产体系；草产品主要为干草捆、裹包青贮等。长江中下游地区利用冬闲田种植多花黑麦草、白三叶、紫云英等优质饲草料，推广草田轮作、间作、套作；草产品利用主要为现割现喂或裹包青贮。华南地区充分利用农闲田种植多花黑麦草等优质饲草料，在低山丘陵地区种植杂交狼尾草、柱花草、大翼豆、狗牙根等热带亚热带饲草料作物，草产品主要为现割现喂或裹包青贮。西南地区要利用坡耕地开展人工种草，采取轮作、间作、套作和农闲田种草，种植多花黑麦草、青贮玉米、饲用燕麦、杂交狼尾草属牧草、光叶紫花苕等优质饲草，主要采取现割现喂或加工裹包青贮的方式利用。

五、发展耕地种植优质饲草的战略意义

（一）发达国家早已将牧草引入农田生态系统中作为一个重要产业来发展

美国、加拿大和澳大利亚等资源丰富国家发展牧草产业这里就不再详述。许多欧洲国家资源条件与我国相差不大，但同样把牧草作为一个重要产业来对待，它们或者实施人工种草制作各种青贮饲喂牲畜，或者在耕地上建植放牧型人工草地直接放牧利用，在降低生产成本、提升生产效率、提升牛羊福利水平和畜产品质量安全性、改良土壤和改善农田生态环境等方面都起到突出作用。

（二）我国发展牧草产业必须要占用耕地

牧草尽管可以有效利用盐碱地、荒滩地、坡耕地等边际土地，但要想生产优质草产品、要想让种植牧草有较高的比较效益，必须要在耕地上种草，且同样要精耕细作、灌水和施肥，并加以现代化的机械收获。

要将当前的三元结构调整为“粮＋经＋饲＋草”四元结构。当前的“粮＋经＋饲”三元结构早已调整到位，2017 年“饲”的比重已经达到26%以上，但其中“草”（即统计中的“青绿饲料”）的比重一直只有 1%多一点。现代畜牧业饲养管理的精准化，要求必须将饲草和饲料分开分别决策，因为二者在种植制度、收获方式、贮存条件、产品功能等方面都完全不同。过去长期称作“饲草料”体现了我国畜牧业经营管理的粗放和落后，今后科学决策畜牧业发展必须将饲料和饲草分开，用“粮＋经＋饲＋草”四元结构的思维指导生产实践。

（三）耕地种草比较效益较高

根据牧草产业体系多年固定监测的结果，种植苜蓿草、黑麦草等的效益一般都比小麦、玉米等主要粮食的效益高。2017 年苜蓿、黑麦草和青贮玉米的亩均纯收益分别达到 585.23 元、465.59 元和 623.66 元，小麦、玉米和水稻的亩均纯收益则为 136.19 元、135.03 元和 440.44 元，种植饲草的直接经济经济效益显著高于粮食作物。

种草的效益要延伸计算，种草养畜的综合效益更高。种植优质饲草可以减少草食家畜对粮食的消耗，并有效提高母畜生产性能，产品质量安全性更高，发病率显著下降，综合效益显著。牧草体系曾于 2010 年结合奶牛技术专家的研究结果测算得知，1 头一个泌乳期产奶 5 吨以上的奶牛，若改变传统的“秸秆＋精料”饲喂模式，在日粮中添加 3 千克干苜蓿，可节约 1.5 千克精料，日产奶量提高 1～1.5 千克，原奶质量提高一个等级（价格提高 0.2～0.4 元/千克），奶牛发病率明显下降，综合效益约提高2 000元/(头·年)[①]。即使在耗粮性牲畜生猪日粮中添加适量苜蓿草粉，可以显著提高母猪产仔率和仔猪成活率，效益也很显著。

（四）农田系统中引入牧草有利于粮食安全

从上述的测算中可知，每头泌乳牛日粮中添加 3 千克干苜蓿，每日可节约精料 1.5 千克左右，当时 750 万头产奶牛每年可节约精料 410.6 万吨精料。同时，添加干苜蓿草后泌乳牛产奶量提升。达到同样多的产奶量，

① 当时我国奶牛养殖基本是“秸秆＋精料”的饲喂模式，所谓的青贮实际上也是黄贮，不是全株青贮，一个泌乳期产奶 5 吨已是当年国内的中高产水平。

相当于每 10 头这样的产奶牛就可以少养 1 头，即可少养 75 万头产奶牛，折算为全群奶牛就可少养 136 万头，又可节约 223.4 万吨精料。这样，共可节约 600 多万吨精料（相当于粮食）。另外，我国中低产田占比 60%以上，种植优质饲草可以改良土壤、培肥地力，如苜蓿根系发达且耐旱，根瘤菌具有强劲的固氮能力，可以疏松土壤，有效提高土壤有机质和矿物质含量。通过种植苜蓿草把中低产田改造为良田，还可以有效提升粮食生产能力。

六、加快饲草产业发展的重点任务

（一）实施现代饲草种业工程

加快推进现代饲草种业建设。到 2030 年，高质量饲草种子产量达到 10 万吨，产值由目前的 15 亿元达到 44 亿元。构建“一育两繁三试四管”的饲草良种繁育体系。“一育”就是建立饲草种质资源收集和新品系选育相结合的饲草良种选育机制，饲草种质资源库存量由 6 万份增加到 10 万份，每年选育新品系由 50 个增加到 200 个，每年审定登记新品种由目前的 20 个增加到 100 个。“两繁”就是建设以甘肃河西走廊为核心，辐射带动青海、新疆、内蒙古西部等地的温带暖温带繁种核心区；以海南为核心，辐射带动广东、广西等地的热带亚热带繁种核心区。“三试”就是组织开展区域试验、DUS 试验和 VCU 试验。“四管”就是做好品种审定登记、世代认证、质量追溯、检验检测四项监督管理工作。

（二）大力发展饲草加工业

在农业发展资金或其他涉农项目中设立专门的饲草产业开发基金，加大对草产品加工业的投资，用于饲草加工业龙头企业建设与技术改造等政策性贷款以及中小型企业的贴息贷款，以鼓励和支持不同区域饲草加工企业的发展，并引导企业构建适应集约化、市场化、组织化的经营体制和运行机制，有效带动种草大户的发展，形成以点带面，协调发展的饲草产业化生产模式。

（三）提高饲草产业种子生产和物质装备水平

完善饲草生产法律法规，积极推进饲草良种繁育体系建设；培育饲草种子龙头企业，支持饲草育种单位参与种子生产，支持企业提升专业化、规模化和标准化水平。培育壮大国内饲草机械企业的实力，不断提升国产机械设备的使用率，支撑国内饲草生产的全程机械化。到 2030 年，实现我国商品草生产加工全程机械化，机械装备总量达到 55 万台（套），比目前增加约 37 万台（套）；其他饲草生产实现耕种收机械化，机械装备总量达到 30 万台（套），比目前增加约 28 万台（套）。新增饲草机械产值 1 330亿元。

（四）持续提升关键技术自主研发水平

不断加强国家科技重点研发、重大专项等计划中饲草草种和饲草生产机械化技术的研发投入，全面提高优质饲草草种供给能力和饲草机械化技术水平。重点研发适应不同气候和土壤条件的品种，提高优质饲草品种的供给能力；加强集约化规模化饲草生产所必需的大型机械设计和制造技术的引进消化吸收再创新，持续保障研发资金的足额到位，不断提升国内牧草机械的研发能力，为大型机械国产化提供技术储备；积极开展适合丘陵山地饲草生产的中小型机械的自主创新，推动研发和实际生产能力尽快达到国际先进水平，在满足国内需求的基础上，积极开拓国际市场。

（五）强化科技服务支撑

充分调动大专院校、科研院所的科技创新积极性，整合产学研体系，围绕产业发展的核心技术和关键问题开展联合攻关；加强饲草技术支撑与服务体系建设，做好新技术、新品种、新模式的试验示范和推广应用，不断提高我国饲草生产的科技支撑能力和水平；引导农户实行良种良法配套，提高生产效率，增加种植收益，促进农民增收和产业精准脱贫。

（六）大力培育饲草产业新型生产经营主体

培育与产业融合相适应的饲草产业新型经营主体，草原牧区重点培育一批会种草、爱草原、懂草业、会经营的新型职业农牧民，推进生态种养殖合作社、家庭牧场等新型经营主体发展；农牧交错区重点培育一批会种草、会放牧、会养殖的新型农牧民；农区重点培育一批适度规模经营的饲草生产专业大户、家庭农牧场和龙头企业。

七、保障措施

（一）加强组织领导

进一步密切与财政、发改、自然资源、林草等部门的协调配合，形成工作合力，完善工作机制，明确工作任务，压实各级农业农村等部门发展饲草产业的工作责任，确保各项措施落到实处。

（二）完善法规规范

配合有关部门修订《草原法》《森林法》等相关法律，制定和修订《饲草种子管理办法》《饲草品种审定管理规定》和饲草种子认证等方面的部门规章，健全完善饲草生产、种子繁育、产品加工等方面的标准体系，推进饲草产业法制化规范化建设。

（三）编制规划计划

组织编制“十四五”饲草产业发展规划，制定饲草产业高质量发展意见等指导性文件。引导地方按照国家的总体产业布局和发展要求，编制和实施本地区的饲草产业发展规划和年度计划。

（四）加大扶持力度

引导现有的财政、基建、科技等项目强化对饲草产业发展的扶持。指导各级农业农村部门围绕新型经营主体培育、物资装备水平提升等方面加强政策创设，积极争取将饲草产品纳入“绿色通道”，构建饲草产业高质量发展的政策体系。利用财政资金做好基础母畜扩群、振兴奶业苜蓿发展行动，按照以养带种的原则推广粮改饲，补贴对象向主产区、新型经营主体倾斜。

产业链视角下中国牧草国际竞争力测度与分析

崔　姹　王明利

牧草产业是草食畜牧业可持续发展的基础。2008 年以后，我国牧草贸易开始由顺差转为逆差，国际竞争力下降。进口产品种类主要为苜蓿干草、燕麦、苜蓿草粉及颗粒等产品。2018 年，苜蓿干草进口量为 138.35 万吨，苜蓿草粉及颗粒的进口量为 2.97 万吨，燕麦进口量为 29.36 万吨，分别占牧草进口总量的 81.04%、1.74%与 17.20%，苜蓿干草为进口占比最大的草产品。从 2019 年 1 月数据来看，中国苜蓿的主要进口国为美国与西班牙，美国进口量最大。其中，7.1 万吨苜蓿干草来源于美国，占总进口量的 63.23%，平均到岸价为 331.08 美元/吨；来自西班牙的苜蓿干草的为 3.56 吨，占我国苜蓿进口量的 27.93%，平均到岸价格为 283.30 美元/吨（中国海关，2019）。

中国为世界苜蓿进口量最大的国家，2017 年苜蓿进口量占到国内需求量比例为 33.5%（邵鹏，2018）。进口苜蓿供给的不稳定性以及潜在病菌危险问题，依靠进口牧草发展本国奶业存在潜在风险。决定牧草需求的在于产品质量，质量是牧草价格形成的最主要决定因素。粗蛋白、可消化养分、酸性洗涤纤维及相对饲喂价值每增加 1%，价格分别增加 2.55 美元/吨、1.65 美元/吨、1.63 美元/吨、0.32 美元/吨；而杂草率每增加 5%，价格则相应减少 8.2～25.1 美元/吨（卢欣石，2015）。中国牧草出口量甚少。2018 年中国苜蓿干草出口量为进口量的 0.01%。其主要原因在于国内苜蓿干草产品质量较低，以至于国内一些大型养殖场，宁愿用较高的价格购买进口苜蓿干草，也不愿意购买国产苜蓿干草。基于此，分析我国牧草产业竞争力，剖析我国牧草产业竞争力与其他国家差距的深层次原因，对提高我国牧草的国际竞争力具有重要意义。

目前围绕牧草国际竞争力的研究主要集中在利用国际牧草产品进出口量对中国牧草国际竞争力进行分析。刘亚钊等（2011）利用1993—2008年的国际牧草产品进出口贸易数据，运用国际市场占有率、贸易竞争指数、显示性指数对我国牧草国际竞争力进行测度，分析认为苜蓿草粉及苜蓿颗粒的贸易竞争指数及国际市场占有率较高，产品专业化程度低于世界平均水平。石自忠等（2018）运用2000—2016年世界各出口国家和地区草产品贸易数据进行系统评估和比较，得出我国牧草国际竞争力弱等结论。

通过上述的文献研究发现，我国牧草产业国际竞争力主要运用国际市场占有率进行分析，而对于决定我国牧草产业国际竞争力强弱的产业链各环节分析没有涉及。基于此，本研究从产业链的角度出发，分析我国牧草产业在种植、加工、销售、支持政策等方面与牧草产业发达国家在产业竞争力的差异，对造成我国牧草国际竞争力弱的内部原因进行剖析，以从改进牧草产业内部各环节的发展提升我国牧草产业国际竞争力。

一、牧草产业国际竞争力测度与分析

中国牧草进口产品中，苜蓿干草进口量占比最高，而且近几年主要从美国进口。基于此，本报告将中国与美国自苜蓿种植环节到销售环节进行对比，从产业链视角对中国牧草产业竞争力进行分析。

（一）种植环节

1. 刈割面积呈现相反变化趋势

如表1所示，美国刈割面积呈现下降趋势，2008—2017年，刈割面积由852.30万公顷下降至670.30万公顷，减少21.35%，年均下降2.63%。中国苜蓿刈割面积呈现曲折上升趋势，总上升10.03%，年均增长1.07%，这与我国奶业对苜蓿需求量增加及我国鼓励牧草种植的政策是分不开的。

从种植面积来看，苜蓿为美国的第二大种植作物。2017年美国苜蓿

表 1　2008—2017 年中美两国牧草收割面积和产量变化情况

单位：万公顷，万吨

年份	美国		中国	
	刈割面积	产量	刈割面积	产量
2008	852.30	6 365.33	377.19	3 044.50
2009	859.87	6 446.23	366.60	2 540.20
2010	808.10	6 167.33	407.85	2 476.20
2011	770.71	5 878.72	377.47	2 329.60
2012	679.69	4 589.42	416.67	2 879.90
2013	715.23	5 189.58	496.53	3 325.06
2014	744.45	5 573.61	474.48	3 285.25
2015	719.48	5 348.94	471.11	3 217.52
2016	683.34	5 284.45	437.47	3 025.70
2017	670.30	4 994.67	415.01	2 933.57

注：美国“吨”指短吨，按照 1 短吨＝0.907 吨、1 英亩＝0.405 公顷进行折算。

资料来源：《美国农业统计年鉴 2018》及《中国草业统计》。

种植面积占牧草总面积的 30.80%，种植面积在 250 英亩以下的种植户占总种植户的 94.24%[①]。中国紫花苜蓿为多年生牧草中种植面积占比最高的种植作物。2017 年其保留种植面积为 6 225.2 万亩，占多年生牧草种植面积的 27.24%，占牧草总种植面积的 21.06%，占比较小。

2. 单产差距呈现阶段性缩小趋势

从中美两国苜蓿单产比较来看（图 1），两国苜蓿单产差距呈阶段性缩小，但还存在一定差距。中美两国苜蓿单产差可以分为两个阶段，第一阶段为 2008—2011 年，两者单产差距较大，最大差距为 2010 年，两者差距为 0.104 吨/亩。中美两国单位面积平均产量分别为 0.454 吨/亩与 0.503 吨/亩，二者之差为 0.089 吨/亩；第二阶段为 2012—2017 年，中美两国单位面积平均产量分别为 0.459 吨/亩与 0.490 吨/亩，二者之差为 0.031 吨/亩，较上一阶段差距变小。但在第三阶段 2015—2017 年差距又呈现扩大的趋势。2015—2017 年美国牧草平均产量分别为 0.407 吨/亩、

① 美国普查数据。

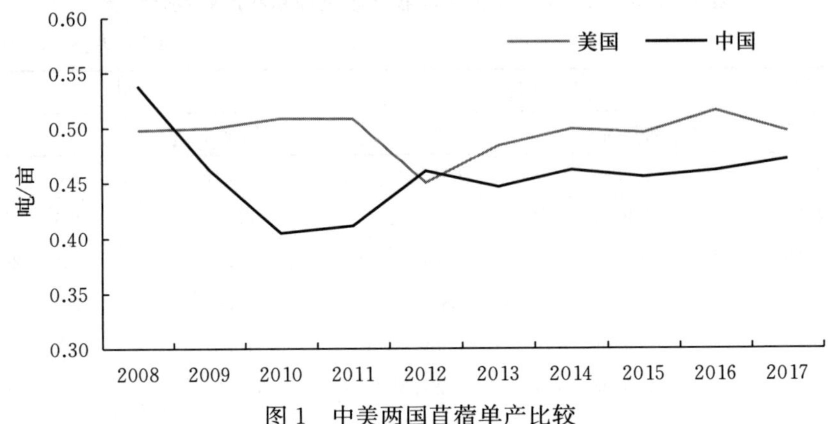

图 1　中美两国苜蓿单产比较

注：美国单产计量单位吨（短吨）/英亩统一调整为吨/亩。

资料来源：《美国农业统计年鉴》与《中国草业统计》。

0.415 吨/亩、0.402 吨/亩。中美两国单产差距由 2013 年的 0.037 吨/亩逐步扩大到 2016 年的 0.054 吨/亩。

3. 成本收益呈现不同特征

由于数据的限制，本部分将美国灌溉区与中国苜蓿的平均成本收益进行对比。其中美国灌溉区的种植苜蓿成本收益来自上一年度的成本收益及月度市场价格对成本收益的科学预算（Holmgren and Pace，2015；Holmgren and Pace，2016），中国苜蓿的成本收益数据来源于国家牧草体系监测数据。虽然将两者对比有一定的局限性，但仍能反映出中美两国牧草在成本收益方面竞争力的差距。

（1）美国苜蓿种植总成本高于中国，机械费用偏高。美国和中国苜蓿成本收益表如表 2、表 3 所示。从总成本看美国苜蓿种植亩均总成本高于中国苜蓿。从 2014—2016 年平均总成本来看，美国总成本为 652.08 元/亩，而中国苜蓿总成本费用为 621.73 元/亩，中国苜蓿亩均总成本低于美国 4.65%。

苜蓿种植主要投入中，除机械费、种子费外，美国水电费、人工费用低于我国，化肥投入基本持平。美国苜蓿种子平均投入费用为 22.45 元/亩，而中国苜蓿的平均投入费用为 16.62 元/亩，美国种子投入费用是我国的 1.35 倍。美国水费平均投入为 19.51 元/亩，中国平均投入为 48.61 元

表 2　2014—2016 年美国苜蓿种植成本收益表

单位：元/亩，吨/亩

项　　目		2014 年	2015 年	2016 年	平均
成本	作物保险	0.84	0.85	1.37	1.02
	种子费	22.30	20.44	24.61	22.45
	季节雇工费	45.91	46.51	49.65	47.36
	肥料费	123.13	116.66	96.09	111.96
	水费	18.21	18.44	21.88	19.51
	农药费	29.76	29.02	29.77	29.51
	利息费用	6.61	5.80	5.58	5.99
	机械费	260.64	263.09	280.86	268.20
	土地租费	126.44	128.09	136.74	130.42
	会计、车辆等费用	15.17	15.37	16.41	15.65
	总成本	649.02	644.28	662.95	652.08
收益	单位价格	1 218.52	1 302.98	732.08	1 084.53
	单位产量	1.09	1.09	1.09	1.09
	总收益	1 092.45	1 168.17	656.34	972.32
	净收益	443.44	523.89	−6.61	320.24

注：美国苜蓿成本来源于 Uathstate 大学对苜蓿成本收益的核算（Holmgren and Pace，2015；Holmgren and Pace，2016）。为了方便比较，美国计量单位按照 1 英亩＝6.07 亩进行折算，1 短吨＝0.907 吨折算，汇率运用当年美元兑人民币汇率进行折算；将计量单位统一为人民币元/亩、吨/亩，美国苜蓿的生产年限是 5 年。

表 3　2014—2016 年中国苜蓿成本收益表

单位：元/亩，吨/亩，元/吨

项　　目		2014 年	2015 年	2016 年	平均
成本	种子费	15.53	16.79	16.34	16.22
	人工费	94.28	91.44	71.28	85.67
	肥料费	102.38	105.80	125.1	111.09
	水电费	56.91	50.20	38.71	48.61
	机械费	151.06	150.71	153.57	151.78
	土地租费	160.18	193.24	243.22	198.88
	其他费用	11.57	7.18	10.42	9.72
	总成本	591.91	614.64	658.64	621.73

（续）

项　目		2014 年	2015 年	2016 年	平均
收益	单位产量	0.62	0.61	0.68	0.64
	价　格	1 950.00	1 800	1 670	1 806.67
	总收益	1 206.84	1 088.98	1 131.58	1 142.47
	净收益	614.93	474.34	472.94	520.74

注：中国苜蓿成本收益资料来源于国家牧草体系监测数据。

/亩，中国水电费投入高于美国水费投入 1.49 倍，这可能与两国的气候与采取的灌溉方式相关。美国的人工费投入为 47.36 元/亩，中国的人工费用为 85.67 元/亩，与中国苜蓿种植机械化程度低有密切关系。在我国的边远山区，还存在收割机械无法上山，地块小无法使用机械的现象，苜蓿收割下山大部分还需要肩扛人背，致使人工费用增大。相对而言，美国苜蓿机械化程度高于我国。从机械费投入可以看出，美国的机械费用平均投入 268.20 元/亩，而中国的机械费用投入仅为 151.78 元/亩，美国高出我国 76.70%。

（2）美国亩均收益低于我国。从表 1、表 2 可以得知，美国亩均净收益为 320.24 元/亩，而我国的亩均净收益为 520.74 元/亩，收益率分别为 49.11%、83.75%。造成此差异的原因在于我国的苜蓿售价高于美国。由图 2 所示，2010—2017 年，中国苜蓿干草平均价格低于美国苜蓿到岸价

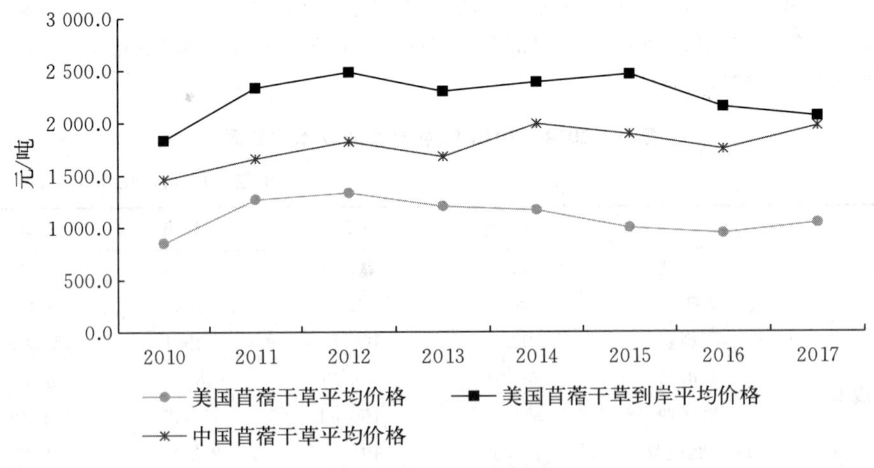

图 2　中美苜蓿干草价格对比

资料来源：历年《美国农业年鉴》、Uncomtrade 数据库、中国牧草产业体系监测数据，并经计算所得。

格，2010—2017 年平均差为 474.53 元/吨；但国内苜蓿干草售价高于美国苜蓿国内售价，2010—2017 年平均差距为 677.88 元/吨。2017 年国内苜蓿价格与美国苜蓿到岸价格距离更小，相差仅 91.70 元/吨。造成这种现象的原因一是我国畜牧业的发展对苜蓿的需求量较大，二是我国优质优价的苜蓿价格体系尚未形成，三是虽然我国苜蓿干草质量低于美国，但其加工产品草粉颗粒用做生猪饲料、宠物饲料等，需求量也较旺盛。

综上所述，相对而言，美国苜蓿种植具有低成本、低收益的特征，而我国苜蓿种植具有高成本、高收益的特征；我国苜蓿种植在种子费用、人工费用、化肥费用上仍具有降低的可能性，在机械化程度的提升上具有潜力，降本提效是提升我国牧草产业竞争力的重要着力点。

（二）加工环节

牧草加工环节是牧草生产后续重要环节，加工环节对产品质量的把控有助于提高牧草产品的国际竞争力。

1. 美国加工企业产品质量把控措施优于我国

美国牧草加工公司质量把控措施严格，第三方监督是其质量把控的主要特点。由于美国牧草种植业起步较早，牧草产业加工业发展也较成熟。2018 年，美国苜蓿对外输华加工企业名单 63 个，其中美国安得森牧草公司是世界最大的牧草加工企业，其牧草 40%为自产，60%为农户生产，是最早出口苜蓿到中国的供应商。产品质量控制措施主要为：一是严格按照标准进行第三方自检，产品 100%可追溯。二是由第三方检测公司进行检测评级，检测通过是产品认证的前提条件。在美国，所有牧草加工企业均委托第三方机构测试，公司不设置检验仪器与设施。美国国家粗饲料测试协会（NFTA）定期对各公司测试，顺利通过测试，才可以通过认证。三是重视与种植户的合作。从种植到收割，都与专业从事干草生产的家庭农场团结协作，南北产区兼顾，可以兼顾质量周期、快速周转、应季供应。

就我国而言，2017 年苜蓿保留面积 6 225.2 万亩，草产品加工企业逐步增多，以苜蓿为主的草产品加工企业 1 000 余家，产品以生产草捆为主，加工草颗粒与草粉为辅[①]。虽然全国的牧草加工企业数量庞大，但发

① 《中国草业统计 2017》。

展质量水平低。大型规模企业少，投资上亿元的牧草加工企业在我国仅有59家（张静，2019）。

在加工环节，我国缺少第三方对产品的测试与产品追溯机制，且我国牧草加工企业与种植户合作关系不稳定，仍以粗放式散户种植为主。种植户对播种时间、播种量等把握不准，影响出苗和产量；在收割方面，不能在最佳刈割期适时刈割，刈割后又不能很好地加工贮存，造成营养损失与浪费。故我国在产品加工质量控制环节竞争力明显不足。

2. 美国收获、加工机械设备质量及机械化程度优于我国

我国牧草机械保有量低。据估计，美国大约每60平方公里草场就有一套收割、打捆、运配套设备，而我国平均5 500平方公里草场才有一套，牧草机械保有量仅为美国的1%（傅美贞，2009）。

美国牧草收获机械的发展已达百年之久，从收割到打捆已形成整套作业机械，机械化程度高。对于加工环节，美国加工企业机器设备先进。出口的草捆产品采用先进的二次加压工艺及设备进行压缩，使草捆体积变小的同时，可以最大限度地保证叶片完整性及茎叶空间性，使产品营养不流失。

由于国内苜蓿产业起步晚，收割配套机械缺少，且机械产品多以中小型或中低端为主，难以满足用户购置牧草机械的需求，造成了机械使用效率不高，机械化程度低。同时还存在牧草机械产品技术水平低的劣势。目前我国在核心技术与核心部件的研发、生产上有明显不足，关键部件上没有自主核心知识产权，只能依赖于进口国外的牧草收获机械，但由于国外牧草收获机械价格昂贵，国内购买企业较少，造成我国牧草机械化程度低。

（三）销售环节

1. 中国牧草运输成本高于美国

国内牧草运输成本高。甘肃、内蒙古、河北三个省（自治区）是牧草加工企业的主要集中地。在国内有“千里不运草”的谚语。据测算，1吨牧草从美国运到天津港，运费只有13美元，美国高速公路无过路费；而1吨牧草从天津运到北京，则需要120元人民币，从甘肃酒泉到宁夏、陕西、四川眉山和北京的运费分别为250元/吨、450元/吨、800元/吨和

650 元/吨，物流成本占货值的 30%～40%，其中主要是由于柴油和高速公路过路费构成（邵鹏，2018）。这使得我国优质苜蓿与到港的美国进口苜蓿缺乏价格优势，影响了国内苜蓿产业的发展。

中国草产品绿色通道的实施降低了草产品运输费用，提高了产品竞争力。2012 年，"振兴奶业苜蓿发展计划" 开始启动，促进了国内草产品加工业的发展。2018 年，国家将六大类牧草产品列入绿色通道目录，主要包括整车运输的草捆（包括天然草和人工种植牧草）、草块、草颗粒、草粉、饲用秸秆、青贮饲草，绿色通道的实施降低了草产品的部分运输成本，提高了草产品的竞争力，但仍不能与美国苜蓿出口到我国的低运输成本抗衡。

2. 美国依托大企业经营，现代牧草产业体系健全

由于美国牧草加工企业成立时间较早，产业体系比较健全。美国牧草加工企业实力雄厚，拥有草种子分公司、生产基地、牧草加工分公司等环节，在全国各地都具有自己的分公司，以减少运输成本。美国牧草供应商出口模式有两种，一是靠近港口模式，牧草来源于全国各地，到港口运输距离短，如安德森公司，下属华盛顿州爱伦斯堡工厂，靠近西雅图运输港口；二是基地模式，加工厂设在基地，离草源地很近。

美国苜蓿种植区域与畜牧产业带紧密结合，尤其是与奶牛养殖有机融合，就地转化增值，减少了苜蓿流通和贮运成本，既保障了优质牧草有效供应，又降低了产品损耗和运费。例如加利福尼亚州，既是苜蓿产量第一大州，也是奶牛生产第一大州。

美国种子产品产销链条完整。20 世纪 50 年代以来，以经营苜蓿相关产品为主的企业是苜蓿产品市场的中坚力量。企业构建从品种研发到种子生产、加工、营销的完整产业链，是科技研发的主阵地。目前，美国 90%以上的新品种都由企业独立培育。在美国认证苜蓿种子委员会最新版的《紫花苜蓿品种秋眠级与抗虫性评比》中，参评品种 274 个，263 个为企业专利品种，占总参评品种的 96%（张英俊，杨振海，2015）。

（四）产业支持政策及体系

1. 中美两国补贴环节重点不同

中美两国补贴政策及支持体系的比较如表 4 所示。中国对牧草的支持

表 4　中美两国牧草补贴及保险政策比较

环节	中国	美国
种植环节	2012 年良种补贴 2012 年振兴奶业苜蓿发展行动计划 2016 年退耕还草补贴	1930 年目标价格补贴 1996 年取消目标价格补贴，实行收入补贴 1998 年作物收入保险、市场损失保险（牧草种子种植可享受） 2010 年牧草保险（降雨指数保险） 2018 年双重保险政策
流通环节	2016 年绿色通道政策	目前文献中未搜索到
牧草收购环节	粮改饲政策补贴	目前文献中未搜索到

政策涉及种植、流通、加工各个环节，但补贴力度小。种植环节主要政策为：一是鼓励种草，如退耕还草政策；二是应用标准化生产技术、改善生产条件和加强苜蓿质量管理，如振兴奶业苜蓿发展行动计划，补贴条件为种植苜蓿 3 000 亩以上的，补贴标准为 600 元/亩；三是推行品种优良化。多年生牧草种子补贴为 50 元/亩，以物化形式发放到种植户并统一组织种草。流通环节主要为实施草产品绿色通道政策，牧草加工及使用环节采用补贴的形式鼓励企业收购牧草，从需求端带动牧草生产种植。

美国牧草补贴政策着重于种植环节，超过 85%的主要谷物投保了作物保险（ARMS，2010）。在建立有作物收入保险、市场损失保险等的基础上，《2018 年农业提升法案》要求将牧草等品种纳入以前未覆盖的保险保障范围。同时还具有针对恶劣天气的年度牧草试点计划（降雨指数保险），为每年种植的牧草和用作牲畜的饲料牧草提供保险。

2. 美国农业补贴及保险政策较我国完善

美国农业补贴方式及农业保险政策完善。补贴政策的基本原理为支持补贴、差额补贴及脱钩补贴政策，具体补贴政策为贷款差额补贴、脱钩补贴及反周期补贴等。美国农业风险管理政策体系经过数十年的调整与发展，现已形成由农作物保险计划、农业商品计划和农业灾害救助计划三大部分组成的较完备体系且广泛地与保险公司开展合作（张峭，2017）。具体的农业保险项目如表 5 所示。

表 5　美国农业保险项目体系构成

种类	产量保险	个体保险	收入保险	区域保险
险种	巨灾风险保障条例、产量保障保险、收入保障保险	产量保障保险、收入保障保险	收入保障保险、区域收入保障保险、补充保障选择、累计收入保险计划	区域产量保障保险、区域收入保障保险、补充保障选择、累计收入保险计划

注：参考张峭（2017）的文献，并经整理所得。

与美国相比，我国种植环节补贴政策少，没有形成完善的补贴政策体系来支撑产业的发展，对激发中小种植户的种植积极性差。就保险而言，现有牧草灾害保险覆盖面小，仅在部分地区实施，且赔付认证程序复杂，操作性差。

二、中国牧草竞争力缺失的深层次原因

（一）中国牧草育种标准低、体系不健全是牧草产品质量低的根本原因

我国 1986—2007 年通过审定登记的苜蓿品种有 60 个，其中育成品种 23 个；美国 1993—1994 年发布新品种 221 个。相比较而言，我国育成苜蓿品种数量较少，大量还需要从国外进口。

美国苜蓿种子较中国标准严格。我国在牧草种子生产及培育上以《中华人民共和国主要栽培牧草种子质量分级标准》（2008）、《全国优良牧草种子生产技术要求》（1997）、《牧草种子检验规程》等作为牧草种子生产的国家标准与行业标准，拥有《草种子管理》及相关配套制度，但与美国相比仍存在滞后性。中美两国苜蓿种子定级标准如表 6 所示。两国在质量分级上存在差别。从表中可以得出，美国对纯度和发芽率的要求三个等级一致，三个等级的区别主要在杂草率的要求上，基础、登记及认证的标准为杂草率分别不高于 0.3%、0.2%、0.1%。而我国对这方面还没相关的要求。我国牧草种子目前提纯技术不成熟，发芽率低，与国外牧草发展起步早的国家还有一定差距。在实际种植过程中，因国外牧草种子纯度高、发芽率高，种植户比较喜欢使用，而国内的牧草种子由于提纯技术不成熟，种子杂质多，发芽率相对较低，部分品种不被国内用户

认可。

表 6 中美两国紫花苜蓿种子定级标准对比

单位：%

指标	净度（不低于）		发芽率（不低于）	
	中国	美国	中国	美国
一级（认证）	98	99.9	90	95
二级（登记）	95	99.9	85	95
三级（基础）	90	99.9	80	95

注：美国种子等级分为基础、登记与认证三个级别；级别标准分别参考《豆科主要栽培牧草种子质量分级》（2008）、MSGA 协会的苜蓿质量标准。

（二）牧草机械化程度低、细碎化种植及种子单产低是成本高的主要原因

由前面分析可知，我国种子成本、人工费用等各项成本高于美国，种子成本高于美国的主要原因在于国内种子纯度低、发芽率低，种子单产水平低，使得种子费用增加。

如图 3 所示，美国种子单产由 2013 年的 26.34 千克/亩上升至最高点 2016 年的 35.30 千克/亩，后下降至 2017 年的 26.87 千克/亩；中国种子单产由 2013 年的 20.96 千克/亩上升至 2014 年的 24.66 千克/亩后，下降

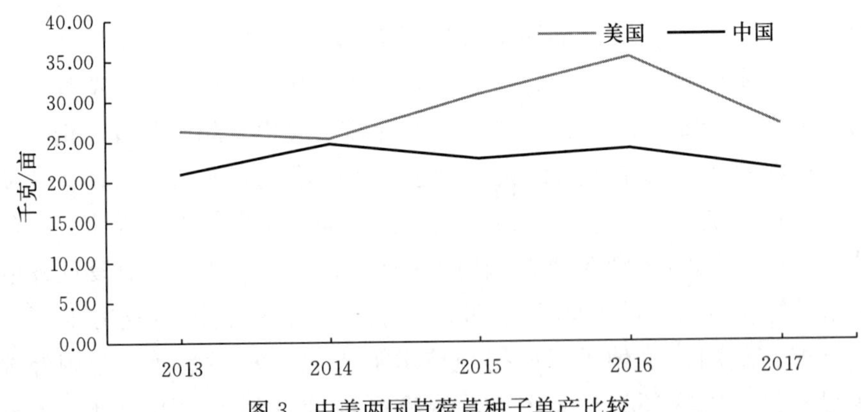

图 3 中美两国苜蓿草种子单产比较

注：中国牧草单产资料来源于《中国草业统计 2017》；由于数据所限，美国单产资料来源于 Monata 地区的苜蓿种子数据，并经计算所得。单位统一折算为千克/亩。

至 2017 年的 21.30 千克/亩。相比而言，中国种子变化较平缓，而美国种子产量上升较快。2013—2017 年中美最高单产相差 10.64 千克/亩。种子单产之间的区别也是导致苜蓿成本差距的原因之一。

人工费用高于美国的主要原因在于，一是相对于美国牧草刈割、打捆配套机械的成熟发展，我国牧草机械落后，还未形成系列产品，需要人工环节多，使得人工费用增加。并且国内机械质量低，在收割时节，机械发生问题影响收割进度严重，有时需要更多人工配套完成。二是由于种植苜蓿地块小，没有集中成片，规模化程度低，甚至还存在山区种植牧草，收割机械无法上山的现象，这些地区还停留在人工收割、人工背下山等传统人工作业时期。

（三）种植观念及种植技术的落后是导致牧草产品竞争力低的内在原因

2015 年全国商品苜蓿种植面积仅占牧草总面积的 9.2%，国内优质苜蓿自给率只有 64%（邵海鹏，2018）。与美国相比，我国苜蓿草产品质量要低于美国，其主要体现在牧草收获、贮藏率低及草产品粗蛋白含量高。

就损失率而言，美国牧草收获田间损失率约为 5%，贮藏损失为 3%～5%。损失率低的原因主要在于牧草收获时的草捆加工方式及打捆关键技术的掌握（贾玉山，2013）。美国草产品质量高于我国，根据品质苜蓿干草分为 5 个等级，粗蛋白含量为 16%～20%，一级草产品粗蛋白含量均在 18%以上，占全部苜蓿干草产品的 70%（张静，2019）。而我国种植户由于产品质量意识不强及技术水平低，不重视质量，更重视产量，所以，我国苜蓿刈割期基本在开花期和盛花期，而能做到在初花期刈割的种植主体少之又少。此外，在苜蓿生产技术研究推广方面，存在着研发集成不够、推广力度小等问题。

（四）农业生产配套体系不健全是我国牧草产业竞争力弱的外在政策因素

由上文分析可知，我国牧草扶持政策集中在规模以上苜蓿种植及良种补贴，补贴额度低且补贴面积范围小。而美国自从 1910 年起，就开始实施农业补贴及保险政策，到现在几经调整，已非常成熟，拥有完整的农业补贴体系，保险政策涉及种子、种植灾害险、收割价格险等。究其主要原因在于，我国牧草产业发展起步晚，各项法规政策还不成熟，还处于逐步探索阶段。

三、政策建议

(一) 转变种植观念

我国由于人口众多，长期贯彻的是“以粮为纲”的农业方针，牧草被认为是边缘化的作物。我国苜蓿种植基本在盐碱地、荒地等闲置的土地上，且土地多为边角细碎化土地，土地质量低是导致苜蓿产量低的基本原因。针对此问题，建议相关部门做好技术培训及苜蓿销路等保障工作，减少种植户种植风险，使种植户看到经济效益，以经济效益为导向，使种植户苜蓿种植由原有的质量低的土地向基本农田等土质好的土地转换。

(二) 提高各环节研发程度

针对我国现有牧草产业竞争力弱、与牧草发展国家差距较大等问题，种子培育方面，我国应增强种子研发培育等方面的科技力量，使企业成为种子研发中的中坚力量，增强我国牧草种子品种的多样性；提高种子质量等级标准，与国际接轨，提高种子加工技术，提高牧草种子的纯度及发芽率。建立牧草种子推广体系，加强我国自主研发种子的推广与应用。加强机械研发，考虑我国苜蓿种植仍以中小规模户种植为主，种植地块小且地形多样化，应加强适应我国不同地形的苜蓿收割机械、打捆机械的研制工作，增强机械的适用性。提高库存保管技术，增强牧草保存质量。

(三) 完善支持牧草产业发展的长效机制

2015 年中央 1 号文件将饲草放进了我国三元种植结构中。2018 年农业农村部《畜牧业工作要点》将发展现代草业作为工作重点来抓，并在牧草品种培育，牧草栽培、加工、贮藏等技术标准和规程等方面提出了要求。牧草种植面临的种植风险大，无法将其按照一般粮食作物来种植，建议相关部门在政策制定时应保持政策持续性，借鉴牧草产业发展国家的经验，从种植过程中苜蓿种子补贴到种植过程中面临的风险及收割后面临的价格风险急需要建立一整套促进牧草产业长效发展的机制，以促进我国牧草产业的可持续发展。

(四) 开发多种产品，提高产品竞争力

苜蓿可加工成苜蓿颗粒，开发宠物饲料销售的新渠道。我国传统牧草

加工企业目前多以生产干草草捆为主。由于我国苜蓿干草二三茬质量不高，在售卖过程中价格低，且由于我国苜蓿草库存条件简陋，储存过程中容易发霉变质，造成销售困难。而苜蓿颗粒具有营养价值高，适合仓鼠等草食性宠物食用。随着我国宠物行业的发展，宠物饲料作为宠物的刚性需求，需求旺盛。2018 年宠物饲料市场规模达到 580.7 亿元，同比增长 27.4%，且线上销售占比高达 74%[①]。我国牧草加工企业应积极开发新的产品，开发新的市场，并实现销售方式从线下转为线上销售，提高中国牧草产品竞争力。

参考文献

傅美贞．牧草收割机械的现状和发展趋势［J］．农机化研究，2009，31（6）：237－239，242.

刘亚钊，王明利，修长柏．我国牧草产品国际竞争力分析［J］．农业经济问题，2011，32（7）：86－90.

卢欣石．中国成为第一苜蓿进口国［EB/OL］．http：//www. dairyfarmer. com. cn/nnyw _ gjny/2015－04－13/147168. chtml，2014－04－13/2019－12－21.

邵鹏．中国苜蓿产业迎下一个“黄金十年”［EB/OL］．http：//finance. sina. com. cn/roll/2018－10－31/doc－ihnfikvc5354521. shtml，2018－10－31/2019－12－21.

石自忠，王明利，刘亚钊．我国牧草产业国际竞争力分析［J］．草业科学，2018，35（10）：2530－2539.

张静．我国牧草加工企业发展现状分析及对策［D］．呼和浩特：内蒙古农业大学，2019.

张峭．美国农业风险管理政策体系及其演变（上）［N］．中国保险报，2017－07－05（004）.

张英俊，杨振海．美国苜蓿产业发展及其启示［EB/OL］．http：//www. wwtmcy. com/html/4715325242. html，2018－4－27/2019－12－21.

Holmgren L，Pace M. 2015 Costs and Returns for Flood Irrigated Alfalfa，Box Elder County［EB/OL］．https：//digitalcommons. usu. edu/extension _ curall/712，2015－2/2019－12－21.

Holmgren L，Pace M. 2016 Costs and Returns for Flood Irrigated Alfalfa，Box Elder County［EB/OL］．https：//extensiondev. usu. edu/boxelder/ou－files/IrrigatedAlfalfa16. pdf，2016－3/2019－12－21.

① 《2018 年中国宠物行业白皮书》。

河北省牧草产业现状、问题与发展建议

毛佳兴　崔　姹

随着人们对绿色、高品质肉蛋奶消费需求的提档升级，处于生产源头的牧草需求逐步提高。实现牧草与畜牧业的耦合发展是发展生态畜牧业的保证，因此发展牧草产业，促进粮食—经济作物—饲料三元种植结构的形成，成为了我国提高农业经济效益、促进农民增收、支持畜牧业发展的重要举措之一。随着国家实施振兴奶业苜蓿发展行动、粮改饲政策与国家农业供给侧结构性改革的深入推进，河北省形成了以青贮玉米、苜蓿、沙打旺等多种牧草共同发展的态势。通过对河北省牧草产业发展现状、存在问题进行分析，有助于河北省牧草产业的可持续发展。

一、河北省牧草产业发展现状

河北省位于华北平原地区，地势平坦，是主要的商品粮生产基地。该地区属于属温带大陆性季风气候，气候条件与土壤条件适宜发展饲草种类多，农牧结合基础良好，但水资源不足、地下水超采、耕地数量和质量下降、盐碱地面积大，制约着本区农业生产和发展。

（一）河北省牧草种植面积

如图 1 所示，河北省牧草种植面积 2010—2016 年均保持在 900 万～1 000万亩，约占全国种植面积的 3%。2017 年河北省牧草种植面积出现下降，种植面积为 323.2 万亩，约占全国牧草种植总面积的 1.93%。其中，多年生牧草种植面积约为 205.4 万亩，一年生牧草种植面积约为 117.7 万亩。主要原因在于，农业供给侧结构性改革和粮经饲三元种植结构调整的稳步推进，河北省各地优化当地牧草种植结构，选取更优质的种

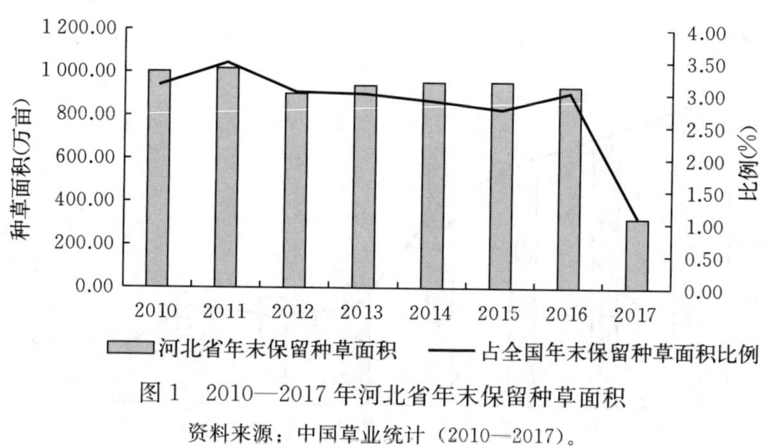

图 1　2010—2017 年河北省年末保留种草面积

资料来源：中国草业统计（2010—2017）。

植品种与种植区域，虽然近年来首次出现牧草种植面积的下降，但种植优质牧草的比例、面积和产量都有着不同程度的提高。

（二）河北省牧草生产情况

1. 多年生牧草生产情况

近年来，多年生牧草种植面积呈现下降趋势。如表 1 所示，2010—2016 年河北省多年生牧草种植面积均保持在 750 万～850 万亩，2017 年因农业供给侧结构性改革和粮经饲三元种植结构的调整，多年生牧草种植面积调整到 205.4 万亩。

表 1　2010—2017 年河北省多年生牧草种植面积

年份	2010	2011	2012	2013	2014	2015	2016	2017
种植面积（万亩）	852.8	856.4	748.5	783.5	825.3	815.2	811.5	205.4

资料来源：中国草业统计（2010—2017）。

河北省主要的多年生牧草品种主要有紫花苜蓿、沙打旺和披碱草，其中紫花苜蓿种植时间最长，种植面积最大。在 2011 年国家草原生态保护补助奖励与 2012 年振兴奶业苜蓿发展行动的有效推进下，河北省苜蓿种植面积接近全国苜蓿种植总面积的 10%，约为 600 万亩（图 2）。但 2014 年以来河北省苜蓿种植面积开始下降。主要原因在于，2016 年新一轮草原生态保护补助政策的改革取消了对牧草种植的补贴，与粮食作物比较效

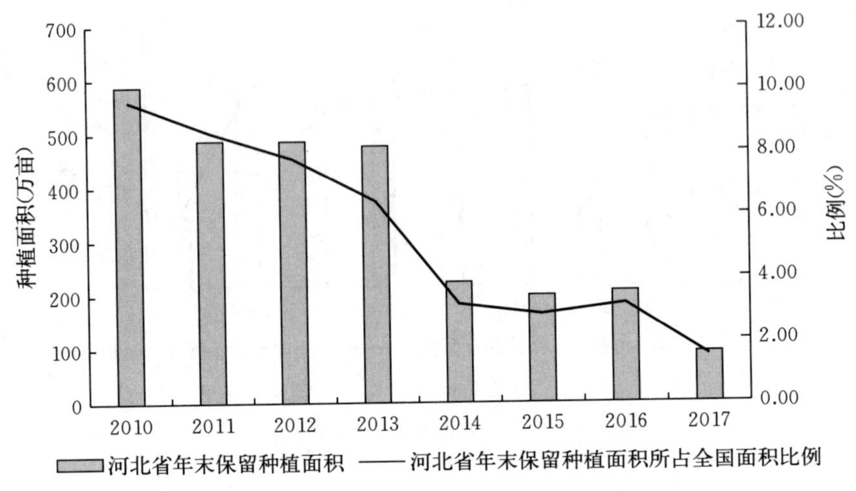

图 2 2010—2017 年河北省紫花苜蓿种植面积

资料来源：《中国草业统计》(2010—2017)。

益的作用下导致牧草种植积极性下降，加上国外优质牧草价格对于国内牧草销售的冲击，共同导致了苜蓿种植面积的进一步萎缩。因此，2014—2016 年河北省紫花苜蓿种植面积减少到占全国苜蓿种植面积的 3%左右。2017 年，国家的农业供给侧结构性改革与粮经饲三元种植结构调整初见成效，河北省紫花苜蓿种植面积进一步下降，但优质的品种占比有着明显提升，平均亩产量较之前年份比有较大提升。2017 年紫花苜蓿亩平均产量为 704 千克，较 2010 年提高 18.31%。

2. 一年生牧草生产情况

一年生牧草中，青贮玉米是河北省最主要的种植品种。如表 2 所示，2010—2017 年河北省一年生牧草种植面积始终保持在 120 万～160 万亩，2011 年种植面积最大，达到 160.4 万亩，2017 年种植面积为 117.7 万亩。2017 年青贮专用玉米种植面积占一年生牧草种植面积的 96.35%。主要原因在于河北省是玉米的传统种植区，具有多年种植玉米的传统，且目前青贮玉米是粮饲兼用品种。在河北邢台、石家庄、保定地区主要青贮玉米种植地区调研发现，将玉米全株出售主要受当年全株玉米销售价格与籽实玉米销售价格的比较影响。其次在于在粮改饲政策的推动下，企业收购积极性增高，青贮玉米收割及费用由收购方承担，较传统的籽实玉米收割省时省力。

表 2　2010—2017 年河北省一年生牧草种植面积情况

单位：万亩，%

年份	2010	2011	2012	2013	2014	2015	2016	2017
一年生牧草种植面积	150.00	160.4	151.00	155.60	129.00	139.20	120.60	117.70
青贮专用玉米种植面积	136.90	146.9	138.10	143.10	113.70	123.90	113.50	113.40
青贮专用玉米占总面积比例	91.27	91.58	91.46	91.97	88.14	89.01	94.11	96.35

资料来源：《中国草业统计》（2010—2017）。

3. 河北省商品草生产情况

2017 年河北省商品草种植面积 23.1 万亩，较上年增加 2.3 万亩，总产量 25.2 万吨。2012—2017 年河北省商品草种植面积始终保持在 20 万～30 万亩，主要种植商品草品种为紫花苜蓿和青贮专用玉米。商品草销售比率逐年上升，商品化程度高，2016 年为 65.55%，2017 年增长至 74.08%。其中，2017 年青贮玉米销售比率为 66.53%，苜蓿销售比率为 90.32%。青贮玉米受地域限制，主要为近距离销售，而对于苜蓿草，多以干草及颗粒等产品销售则不受地域限制，所以其销售比率较高。

4. 牧草种子生产情况

优质的草种是牧草展业发展的基础，2017 年河北省草种田面积所占全国比例为 9.65%，较 2016 年增加 12.29 万亩；种子产量占全国比例为 8.09%，较 2016 年增加 7 404.37 万吨。我国主要牧草种子田主要分布甘肃、青海、宁夏等地。与这些省份相比，河北省的牧草种子发展缓慢，起步晚，产量少。种子田面积与产量分别为种子优势产区青海省的 26.01% 与 24.73%，且牧草种子多从国外或省外引进。

二、河北省牧草产业发展存在的问题

（一）牧草种植品种较少，缺少本地优质种质资源

牧草产业能够向产业化发展离不开优质牧草品种的支持，高质量的牧草品种可以提高农民种植的收入，从而产出更优质的牧草。紫花苜蓿和全

株青贮玉米是目前河北省种植最广泛的牧草品种，但种植品种过于单一导致河北省牧草产品在市场上缺乏竞争力。人们对高档肉蛋奶产品的需求不断增加，导致市场对优质饲草料多样化需求量不断加大，但是优质饲草料仍大多需要进口，所以提高牧草质量，发展优质品种成为目前解决对优质饲草料需求的当务之急。培育和生产优质的适宜河北省气候的牧草品种，建设专业化的草种企业，扩大草种田面积，对建设河北省牧草产业至关重要。缺少适应本地气候与土壤的种质资源，这是限制河北省牧草产业发展的一个重要原因。

（二）规模化、专业化牧草种植面积少

目前河北省牧草主要利用碎片化、小块土地种植，小规模农户种植较少，规模化、专业化牧草种植面积少，难以形成规模化、专业化发展。小规模养殖户思想上对种草重视不够，管理粗放，缺乏技术指导，导致牧草种植成本高，生产效率低。种植规模化程度低，使得收割、贮藏、运输、加工、销售等方面社会服务体系难以建立。且由于规模化、专业化程度低，导致目前牧草的收割、贮藏和运输等步骤仍有部分为手工操作，缺乏相应的机械化设备和资金支持。在产品销售上，草产品加工龙头企业对于小规模种植户的辐射带动作用弱，订单模式机制不健全，种植户依据企业出价选择销售对象，致使企业草源不稳。

（三）牧草产品品质低

与进口苜蓿类干草相比，河北省苜蓿干草品质较低，主要销售对象为奶牛养殖户及宠物饲养者。从对河北省唐山、邢台的奶牛养殖户调研中得知，省内苜蓿商品草品质较国外进口苜蓿干草品质低，即使国外干草价格高，在饲喂泌乳牛时也选择进口苜蓿草饲喂。从我国进口草产品数据看，我国苜蓿干草仍为主要的进口产品。2017 年我国进口草产品 181.8 万吨，其中进口苜蓿干草 139.8 万吨，约占进口总量的 76.9%；2019 年苜蓿干草进口 135.61 万吨，占比 83%，进口苜蓿干草比例上升①。河北省苜蓿作为商品草在国内仍有很大的潜在销售市场，提升苜蓿草商品草质量等级，逐步与国际接轨，提高产品竞争力，是河北省牧草生产的重

① 中国海关。

中之重。

（四）种养结合程度低

种养结合是实现生态畜牧业的重要途径。河北省是奶牛、肉牛、肉羊等草食畜养殖大省，现有畜牧业现代化养殖程度低，环境治理仍需改善、生态畜牧业急需发展。但现有大部分农户养殖还停留在运用籽实玉米、秸秆、粮食加工副作物等饲养牲畜，种养加结合不紧密，种植业产品和加工副产品的饲料化利用难度高、效率低。粮改饲的前提是种养结合，没有养殖的需求牧草产业的发展必然受到阻碍。

三、河北省牧草产业发展建议

（一）加快培育优良牧草品种，提高产品品质

加强新品种牧草的选育与推广工作，优良的品种是牧草产业能够持续较快发展的前提条件，因此优良品种的选育工作成了目前发展牧草产业的重中之重，要根据当地情况来选育适宜当地土壤、气候的优质牧草进行推广。目前沧州市已经在河北省草业创新团队的帮助下，通过在黄骅丰茂盛园农业科技公司试验基地进行试验，最终筛选出中苜 3 号、甘农 7 号、WL343HQ 等品种，在产量、越冬性和耐盐碱等方面表现优良，适合滨海地区种植，目前已开始推广应用。

（二）扶持牧草产业化经营主体，提高龙头企业带动能力

对相关牧草经营企业制定相关优惠政策，在税收、土地、基础设施等方面给予一定的政策支持，壮大以牧草相关的龙头企业与其他经营主体，支持本地企业优先发展，提高龙头企业对当地农户的带动作用。对农户给予技术、种子等基础设施的支持，促进优良品种的培育与推广，使农户与企业均能获得优良的经济效益。同时促进牧草种植向规模化、专业化方向发展。

（三）完善牧草产业经营体系建设

开展优质牧草品牌建设，从源头上把握好牧草的质量。合理利用国家相关政策，通过国家政策补贴与机制创新，建立新型经营主体，加快培育新型经营主体，构建新型牧草专业化种植模式，促进牧草的规模化经营。

引导有能力的企业发展订单农业，带动农户种植优质牧草，在牧草的种植、收割、运输、贮存等环节进行专业化管理，同时发展牧草的深加工，挖掘牧草的产品附加值，使牧草的生产、加工和销售形成完整的产业链，从而实现牧草的规模化生产。

（四）提高牧草种植过程中机械化程度

提高对于购买相应牧草机械的补贴力度，扩大购买专用机械设备的补贴范围，鼓励购置先进牧草秸秆收获机械，如收割轨扁机、收割切碎一体机等。对于未列入国家农机补贴名录的优质饲草种植和收获加工的机械购置按照国家农机补贴政策补助比例进行补贴。同时加强对农户使用先进机械的技术培训与指导，解决农户不懂的问题。鼓励发展机械服务社会化团体，实现机械种植、收割、运输等专业一体化程度。

中国牧草产业经济2019

牧草成本收益与效率专题

2019年我国牧草成本收益变化趋势分析

倪印锋　石自忠　王明利

发展牧草产业不仅有利于缓解我国大量进口牧草以及草食畜产品的压力，而且对调整农业种植结构、推进草畜一体化、促进奶业振兴、维护生态安全具有重要意义。2008年“三聚氰胺”事件以来，国家高度重视牧草产业，出台“振兴奶业苜蓿发展行动”助力牧草发展。2015年以来中央1号文件也多次明确指出深入推进农业结构调整，加快发展草牧业，支持青贮玉米和苜蓿等饲草料种植，开展粮改饲和种养结合模式试点，促进粮食、经济作物、饲草料三元种植结构协调发展，加快建设现代饲草料产业体系，牧草产业发展取得显著成效。但是，生产效率不高、产品质量较低、国际竞争不强等诸多问题，依旧是我国牧草产业现代化发展的关键制约因素。要推动牧草产业持续稳定发展，必须科学了解牧草成本收益及要素投入配置情况，从而为生产经营者和政策制定者制定决策提供参考。在前期研究中，牧草产业课题组已对2018年以前的牧草成本收益变化进行了详细分析。2019年，国家牧草产业技术体系产业经济研究室继续对主要牧草生产的成本收益信息进行跟踪调查，对牧草生产的成本收益情况进行分析和总结，并为进一步进行牧草生产效率研究奠定基础。

一、牧草成本收益变化分析

（一）苜蓿成本收益变化情况

1. 苜蓿生产成本增加较为明显，机械费和其他费用增幅较大

由表1可知，2019年苜蓿种植总成本比2018年有较大幅度增加，增长了14.23%。从分项成本来看，2018—2019年除了肥料费外，各项费用

表 1　2014—2019 年苜蓿各项成本费用情况

单位：元/亩

年份	种子费	人工费	肥料费	水电费	机械费	租地费	其他费用	总费用
2014	15.53	94.28	102.38	56.91	151.06	160.18	11.57	591.91
2015	16.79	91.44	105.08	50.20	150.71	193.24	7.18	614.64
2016	16.34	71.28	125.10	38.71	153.57	243.22	10.42	658.64
2017	15.28	92.37	97.26	49.85	168.96	202.60	9.49	626.32
2018	15.05	69.24	111.88	41.82	173.00	151.21	14.84	577.04
2019	17.05	93.60	108.33	57.55	193.93	156.17	32.53	659.16
均值	16.01	85.37	108.34	49.17	165.21	184.44	15.31	621.29

注：各项费用以种植面积为权重求其均值，其中种子费用按照 6 年周期进行折算。

均有所增加，其中人工费、机械费和其他费用增幅较大，各增加了 35.18%、12.1%和 119.2%。由此可知，随着配方施肥越来越科学，肥料费有所下降；人工费近年来波动相对较大，主要与当地劳动力素质和水平有关；机械费用稳定增加，主要由于苜蓿机械工作时间相对集中导致机械需求投入较大；其他费用在总费用的比例首次超过了种子费，说明农药和运输费等投入逐渐增加。从成本结构来看，地租费和机械费均值在总成本中比例最高，这也是苜蓿产业发展的未来趋势。现代化苜蓿产业发展，必须依托土地流转实现规模化，而实现规模化就必须走机械化道路。目前，我国牧草产业发展的机械问题依旧突出，国产机械发展相对滞后，进口机械费用昂贵。土地和机械问题将成为苜蓿产业规模化、标准化、现代化发展的关键制约因素。

总体来看，2014 年以来苜蓿种植成本呈现波动上升的趋势，2019 年总费用是 2014 年以来最高的一年，2014 年总费用为 591.91 元/亩，到 2019 年增加到 659.16 元/亩，增长了 11.36%，年均增长了 2.18%，主要是由于机械费和其他费用显著增加。其中其他费用增幅最大，2019 年比 2014 年增加高达 181.16%，其他费用显著增加说明农药和运输等成本费用在总成本的比例逐渐增大，政策制定者对牧草运输应出台相应优惠政策，应该享受与农产品运输同样待遇减少运输成本。机械费 2019 年比 2014 年增加了 28.38%，说明随着机械化水平提高，相应的机械投入加大，长期来看有利于牧草产业发展，可以通过提高机械社会化服务水平等来降低生产成本。

2. 苜蓿价格和纯收益有较大幅度回升，但生产成本收益率略有下降

苜蓿量价齐升是苜蓿生产总收益和纯收益上升的主要原因。由表 2 可知，2019 年苜蓿单位产量和单位价格比 2018 年均有所增加，由 2018 年的 626.47 千克/亩和 1.83 元/千克上升到 2019 年 662.27 千克/亩和 1.91 元/千克，分别增长了 5.71%和 4.37%。总收益和纯收益同样也由 2018 年的 1 146.44 元/亩和 569.4 元/亩上升到 2019 年 1 264.95 元/亩和 605.79 元/亩，分别增长了 10.34%和 6.39%。但由于苜蓿生产成本同样有较大幅度增加，导致成本利润率 2019 年相对于 2018 年有所下降。因此，在当前阶段除继续加大科技投入等增加苜蓿单位产量外，降低种植成本费用同样是提高苜蓿生产收益的重要方面。一方面，可以通过更加精细化管理来降低经营成本；另一方面，可以通过合理配置生产要素来降低生产资料成本。

表 2　2014—2019 年苜蓿生产收益变化情况

单位：千克/亩，元/千克，元/亩，%

年份	单位产量	单位价格	总收益	纯收益	成本利润率
2014	618.89	1.95	1 206.84	614.93	103.89
2015	609.94	1.80	1 088.98	474.34	77.17
2016	677.59	1.67	1 131.58	472.94	71.81
2017	604.88	1.62	979.91	344.10	54.12
2018	626.47	1.83	1 146.44	569.40	98.68
2019	662.27	1.91	1 264.95	605.79	91.90
均值	633.34	1.80	1 136.45	513.58	82.93

注：单位产量和单位价格以种植面积为权重求其均值，单位产量为苜蓿干重产量。

总体上来看，不同年份紫花苜蓿的单位价格、总收益和纯收益变化较大。2014—2019 年，苜蓿单位价格、总收益、纯收益经历一个先降低后回升的趋势，整体上呈现“V”形的变化特征。苜蓿单位价格、总收益和纯收益都在 2017 年降低到最低水平，分别为 1.62 元/千克、979.91 元/亩和 344 元/亩，之后开始迅速回升，到 2019 年增加到 1.91 元/千克、

1 264.95元/亩和605.79元/亩，分别增长了17.9%、29.09%和76.05%。虽然单位价格没有恢复到最大值水平，但由于单位产量上升，使得总收益达到近年来最高水平。从单位产量来看，单位产量在2016年达到最大值，近年来波动较大，主要是由于苜蓿生产受天气等自然灾害的影响较大，尤其是收获季节的天气情况对苜蓿不论是产量和质量都有较大影响。相对于单位产量来说单位价格的波动幅度加大，单位价格是影响收益的主要原因。由于美国是我国苜蓿主要进口来源国，近年来中美贸易战之后，苜蓿市场不确定性增强，进口苜蓿市场价格不断提升，推动着国产苜蓿市场价格持续上涨。

（二）青贮玉米成本收益变化情况

1. 青贮玉米生产成本略有增加，人工费和机械费增长是其主要原因

青贮玉米是中国粮改饲试点政策引导种植的主要品种，其成本收益变化情况对中国农业种植结构调整具有重要影响。通过表3可知，2019年青贮玉米种植总成本由2018年的790.11元/亩增加到808.31元/亩，增幅不明显，仅增长了2.3%。但从分项成本来看，2019年比2018年除地租费外其他费用下降外，人工费、肥料费和机械费有较大幅度的增加，从2018年的81.64元/亩、139.52元/亩和151.28元/亩，分别增长了73.21%、16.22%和14.21%。

表3　2014—2019年青贮玉米各项成本费用情况

单位：元/亩

年份	种子费	人工费	肥料费	水电费	机械费	租地费	其他费用	总费用
2014	57.15	143.20	131.79	53.20	134.68	310.74	34.96	865.72
2015	51.55	72.42	149.75	58.55	174.37	398.76	37.27	942.67
2016	50.32	153.18	129.20	34.97	149.35	388.76	46.43	952.21
2017	46.52	94.27	126.57	27.23	162.91	251.55	44.89	753.94
2018	48.78	81.64	139.52	26.70	151.28	294.28	47.91	790.11
2019	55.49	141.41	162.15	40.52	172.77	207.46	28.51	808.31
均值	51.64	114.35	139.83	40.20	157.56	308.59	40.00	852.16

注：各项费用以种植面积为权重求其均值。

但是租地费和其他费用降低也非常明显，2019年比2018年分别下降

了 29.5%和 40.49%。从成本结构来看，租地费和机械费均值在总成本占比最高，分别占到总成本的 36.26%和 18.49%。因此为了提高生产效益，规模化和机械化同样是青贮玉米产业未来的发展方向，土地和机械将是制约青贮玉米产业现代化发展的关键因素。

总体上来看，2014—2019 年青贮玉米生产总费用经历了一个先增后降再上升的过程。其中种子费用变化相对不大，但近年来受到种子价格上升的影响有上升趋势。人工费用波动幅度程度较为明显，在 2016 年达到最大值后回落，但在 2019 年又有较大幅度回升。肥料费整体上呈现波动增长的态势，由 2014 年的 131.79 元/亩增加到 2019 年的 162.15 元/亩，增长了 23.04%。水电费主要受到当年气候影响不断波动。机械费用整体上呈现波动上升趋势，2019 年比 2014 年增长了 28.28%。租地费变化幅度较大且近年来有下降的趋势，2019 年比 2015 年降低了 47.97%。由此可知，在施肥量相对不变的情况下，化肥价格上升导致肥料费用有所增加；随着进城务农劳动力增加，劳动力成本上升，但土地成本相应下降。从成本结构来看，青贮玉米生产总成本中租地费、机械费和肥料费占比较高，总成本变化趋势与机械费和肥料费变化相似，同样表现出先增后降再增的特征，说明机械投入和肥料对总成本影响较大。

2. 青贮玉米纯收益稍有增加，成本利润率同比变化不大

由表 4 可知，2019 年青贮玉米种植纯收益和成本利润率分别为 462.02 元/亩和 57.16%，纯收益比上年度增加了 1.49%，成本利润率几

表 4　2015—2019 年青贮玉米生产收益变化情况

单位：千克/亩，元/千克，元/亩，%

年份	单位产量	单位价格	总收益	纯收益	成本利润率
2015	3 473.10	0.35	1 222.53	279.86	29.69
2016	3 816.06	0.35	1 320.36	368.15	38.66
2017	3 820.26	0.33	1 245.40	491.46	65.19
2018	3 717.40	0.34	1 245.33	455.22	57.61
2019	3 664.62	0.35	1 270.33	462.02	57.16
均值	3 677.65	0.34	1 252.02	399.86	47.98

注：单位产量和单位价格以种植面积为权重求其均值，单位产量为青贮玉米鲜重产量。

乎没有变化，主要是由于2019年总费用比2018年同样有所增加，导致利润率稍有下降。2019年青贮玉米单位产量虽比2018年有所下降，由3 717.4千克/亩下降到3 664.62千克/亩，但单位价格则有所增加，从0.34元/千克增加到0.35元/千克，相对于单位产量来说单位价格增长幅度更大，导致2019年总收益比2018年略有增加。综合来看，2019年青贮玉米总收益和纯收益均比2018年有所增加，但增加幅度不大。

从2015—2019年收益变化来看，青贮玉米纯收益波动较大，整体上呈现波动上升的趋势。青贮玉米单位产量总体上表现为先增后降的趋势，但2019年比2015年仍有所增加。青贮玉米单位市场价格变化不大相对稳定，单位价格维持在0.33～0.35元/千克，仅有6.06%的变化幅度。青贮玉米总收益呈现波动有升趋势，2019年比2015年增加5.15%。青贮玉米纯收益变化波动较为显著，整体上呈现波动上升的趋势，2015年纯收益较低每亩仅279.86元/亩，在2017年达到极大值，每亩可获得491.46元。由此可知，青贮玉米成本利润率变化趋势以及取得极值的年份与纯收益基本相同，在价格相对稳定的情况下，提高产量和降低成本是提高青贮玉米收益的主要途径。

（三）黑麦草成本收益变化情况

1. 黑麦草生产成本有所下降，主要原因是地租费和肥料费降低显著

通过表5可知，2019年比2018年黑麦草总费用下降明显，总费用降

表5　2014—2019年黑麦草各项成本费用情况

单位：元/亩

年份	种子费	人工费	肥料费	水电费	机械费	租地费	其他费用	总费用
2014	45.54	595.04	170.74	15.46	90.13	725.58	13.96	1 656.45
2015	45.43	435.89	143.82	31.66	84.52	764.03	10.15	1 515.50
2016	36.76	467.19	151.09	14.02	121.38	838.52	14.71	1 643.67
2017	37.07	460.25	142.58	13.92	121.79	837.94	11.28	1 624.83
2018	36.56	438.44	145.28	13.31	123.82	811.10	12.30	1 580.81
2019	35.26	437.27	117.98	6.36	119.78	728.85	10.05	1 455.55
均值	39.44	472.35	145.25	15.79	110.24	784.34	12.08	1 579.47

注：各项费用以种植面积为权重求其均值。

低了 125.26 元/亩，降低了 7.92%。从分项费用来看，黑麦草各项费用均有所降低。其中，水电费虽然下降绝对量较少，但是下降比重最多，整体上呈下降趋势；租地费和肥料费绝对量下降较为明显，每亩下降了 82.25 元和 27.3 元，分别下降了 10.14%和 18.79%。从成本结构来看，租地费和人工费在总费用中占比最高，均值分别达到 49.66%和 29.91%，这主要与黑麦草种植在南方地区小块土地有关，南方地区水热条件好地租普遍比北方相对要高，另外黑麦草种植不便于大规模机械化生产导致人工费用较高。从 2014—2019 年成本费用变化来看，整体上除租地费外各项费用均呈现下降的趋势。

2. 黑麦草纯收益显著增加，单位价格上升明显

2019 年黑麦草纯收益比 2018 年显著增加，增长高达 213.74%。由表 6可知，虽然 2019 年单位产量有所下降，但单位价格明显上升，2019 年黑麦草单位价格达到最高点，由 2018 年的 0.23 元/千克上升到 2019 年的 0.28 元/千克，增加了 21.74%。由于 2019 年总成本下降明显，综合导致黑麦草纯收益比 2018 年有较大幅度提升，2019 年黑麦草不论是总收益和还是纯收益都是达到近年来最高点。总体上来看，2014—2019 年黑麦草的总收益不断波动变化，不同年份纯收益波动变化情况尤其明显。综上可知，黑麦草总收益、纯收益和成本利润率变化趋势基本相同，相对于总成本的变化，总收益变化是构成纯收益变化的主要因素，而总收益又主要

表 6　2014—2019 年黑麦草生产收益变化情况

单位：千克/亩，元/千克，元/亩，%

年份	单位产量	单位价格	总收益	纯收益	成本利润率
2014	8 785.16	0.26	2 257.79	601.34	36.30
2015	7 923.80	0.24	1 909.64	394.14	26.01
2016	8 528.14	0.24	2 046.75	403.08	24.52
2017	8 484.24	0.24	2 061.67	436.84	26.89
2018	8 509.46	0.23	1 965.69	384.88	24.35
2019	8 118.49	0.28	2 278.21	822.66	56.52
均值	8 391.55	0.25	2 086.63	508.82	32.61

注：单位产量和单位价格以种植面积为权重求其均值，单位产量为黑麦草鲜重产量。

受到单位价格变化的影响。

二、不同牧草的成本收益比较分析

(一) 不同牧草生产的成本收益比较

通过对不同牧草的生产成本进行比较，从而掌握不同牧草生产的要素投入情况。由图1结合表1、表3和表5可知，2014—2019年，黑麦草生产的总费用最高，青贮玉米次之，苜蓿的总费用最低。2014—2019年，黑麦草总费用均值为1 579.47元/亩，其中租地费和人工费在总成本中占比最高；青贮玉米总成本均值为852.16元/亩，其中租地费和机械费在总成本中占比最高；紫花苜蓿总成本均值为621.29元/亩，其中租地费和机械费在成本中占比最高。由此可知，租地费作为土地投入共同构成牧草生产的主要成本，除租地费以外，黑麦草需要更多的人工投入，青贮玉米和苜蓿则需要更多的机械需求。因此，在牧草生产中应该选择租地费和人工费相对较低且机械社会化服务水平较高的地区，从而可以获得更高的收益。

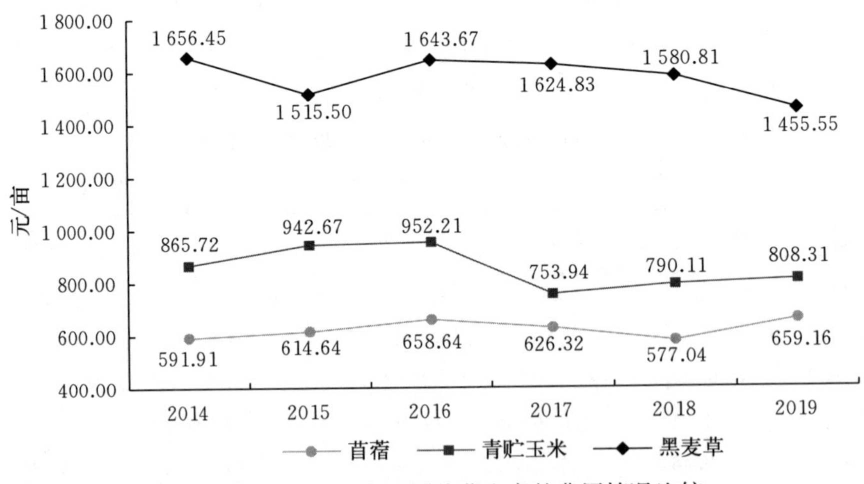

图1 2014—2019年不同牧草生产的费用情况比较

(二) 不同牧草收益比较

纯收益对农业生产者的生产决策行为具有决定性因素，是生产者对生产效益判断的重要依据。由图 2 结合表 2、表 4 和表 6 可知，2014—2019 年，三种牧草的纯收益不断发生变化，其中苜蓿纯收益均值和成本收益率均值都排在第一位，纯收益均值为 513.58 元/亩，成本收益率均值为 82.93%；黑麦草纯收益均值和成本收益率分别排在第二位和第三位，分别为 508.82 元/亩和 32.43%；青贮玉米纯收益均值和收益率分别排在第三位和第二位，分别为 399.86 元/亩和 47.98%。综上可知，苜蓿不论是纯收益还是成本收益都最高，是牧草生产者较好的选择；黑麦草纯收益略低于苜蓿，其生长条件适于长江流域以南的地区，生产费用要求较高，使得成本利润率低于其他两种牧草；青贮玉米适于中国绝大多数地区种植，虽然纯收益略低于黑麦草和苜蓿，但生产在中国大部分一年两熟的地区，通过和其他作物轮作，也可以获得更高的收益。

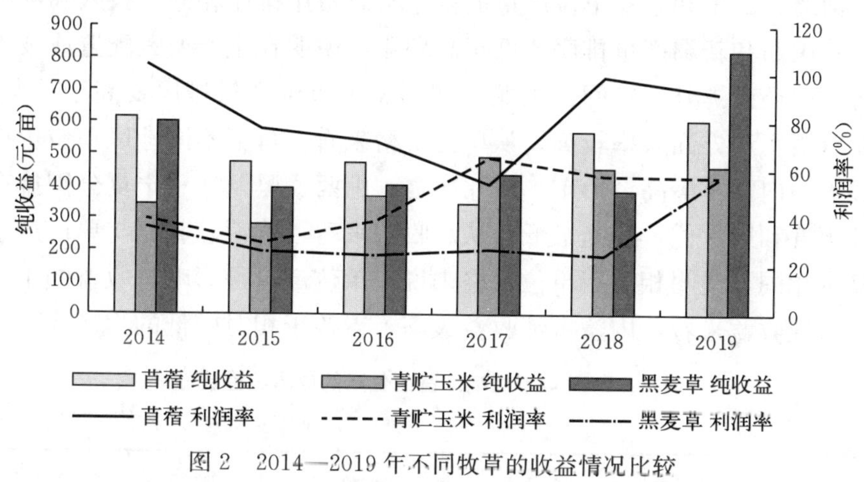

图 2 2014—2019 年不同牧草的收益情况比较

三、不同地区主要牧草成本收益比较分析

中国不同地区气候、土地和水等资源条件差别较大，导致农业生产有较大差异。不同省份之间牧草生产成本收益也存在较大差别。以紫花苜蓿和青贮玉米为例，对不同省份 2019 年成本收益进行比较分析，有助于牧草生产者在种植牧草品种上作出有利决策，选择具有比较优势的牧草产品，合理配置生产要素，从而获得更高的收益。由于黑麦草一般种植在南

方省份且种植的省份相对较少，因此主要就苜蓿和青贮玉米进行分析。苜蓿主要选择宁夏、山西、新疆、山东、内蒙古、河北、黑龙江等省份进行分析，青贮玉米主要选择四川、宁夏、山西、新疆、山东、内蒙古、河北等省份进行分析。

(一) 不同地区苜蓿生产的成本收益分析

2019 年苜蓿主要省份的生产成本收益如表 7 所示。从总成本来看，不同省份差异较大，山东、河北和山西总成本每亩都在 800 元以上，分别排在第一、第二位和第三位；内蒙古、宁夏处于中等水平，总成本分别排在第四和第五位；新疆和黑龙江总成本每亩低于 500 元，处于较低水平，不同地区租地费和机械费是造成各省份之间总成本差异的主要原因。从单位产量来看，不同地区单位产量差异非常显著，最大值和最小值相差 2.4 倍，河北、山东和宁夏单位产量的排序与总费用排序相同，投入和产出相适应；山西和新疆产量排序要低于总费用，说明在生产要素配置或技术管理等方面还有提升的空间；黑龙江和内蒙古单位产量排序要高于总费用，说明苜蓿生产方面效率较高。从单位价格来看，苜蓿不同地区单位价格差异较大，内蒙古最高，山东、河北次之，山西、黑龙江和宁夏分别排在第四、第五和第六位，新疆最低。从总收益来看，苜蓿总收益与单位产量排序基本相同，说明相对于单位价格来说，单位产量是影响总收益的主要因素。从纯收益来看，内蒙古纯收益最高，得益于相对较低的生产成本；河

表 7　2019 年不同地区苜蓿生产的成本收益比较

单位：元/亩，千克/亩，元/千克

省份	总成本	单位产量	单位价格	总收益	纯收益
宁夏	695.50	591.11	1.75	1 034.44	338.94
山西	822.37	603.91	1.84	1 111.19	288.82
新疆	443.37	390.54	1.52	593.62	150.25
山东	1 036.04	885.55	1.98	1 753.39	717.35
内蒙古	739.57	730.18	2.08	1 518.77	779.20
河北	1 049.70	932.18	1.91	1 780.46	730.76
黑龙江	318.84	550.62	1.82	1 002.13	683.29

注：各项指标均以种植面积为权重求其均值。

北和山东分别排在第二和第三位，主要是由于单位产量和单位价格较高；黑龙江排在第四位，主要是生产成本较低，宁夏、山西和新疆分别排在第五、第六和第七位，是由于单位产量较低所致。

由上述分析可知，不同省份苜蓿生产的成本收益相差较大。2019年，相对于单位价格来说，单位产量是决定总收益更为关键的因素。从总成本和纯收益的数值以及各省份排序综合情况来看，山东、内蒙古和河北苜蓿生产具有“高成本、高收益”的特点，宁夏和新疆苜蓿的生产具有“低成本、低收益”的特点，山西苜蓿的生产具有“高成本、低收益”的特点，而黑龙江苜蓿的生产具有“低成本、高收益”的特点。苜蓿纯收益的提高，一方面要降低生产成本，减少不必要的生产要素投入，如通过草畜结合粪便还田来降低化肥使用量，通过适度规模提高机械利用率降低机械成本；另一方面要提高单位产量和质量，通过改进生产和管理技术来提高全要素生产效率，通过控制生产各环节流程来提高苜蓿干草质量。苜蓿价格不仅受到国内市场价格影响，还受到进口苜蓿的冲击，为降低价格下降的风险，可以通过与养殖企业签订长期供货合同，或进行草畜结合延长产业链等方式提高收益。

（二）不同地区青贮玉米生产的成本收益分析

2019年青贮玉米主要省份的生产成本收益如表8所示。从总成本来看，不同地区差异较大，四川总成本高居首位，主要是由于地租和人工费用较高；山东和河北总成本排在第二和第三位，主要是地租和机械费用较

表8　2019年不同地区青贮玉米生产的成本收益比较

单位：元/亩，千克/亩，元/千克

省份	总成本	单位产量	单位价格	总收益	纯收益
四川	1 074.86	3 868.03	0.45	1 740.61	665.75
宁夏	805.55	3 886.86	0.33	1 282.66	477.11
山西	609.49	3 233.87	0.32	1 034.84	425.35
山东	913.75	3 571.61	0.31	1 107.20	193.45
内蒙古	467.22	3 816.39	0.30	1 144.92	677.70
河北	836.46	3 427.11	0.33	1 130.95	294.49

注：各项指标均以种植面积为权重求其均值。

高；宁夏和山西总成本处于第四和第五位；内蒙古最低，主要是地租等各项费用相对较低。从单位产量来看，不同地区差异相对不大，宁夏单位产量最高，四川和内蒙古次之，山东和河北居于第四和第五位，山西最低。从单位价格来看，四川单位价格最高且与其他各省份有较大差异，宁夏和河北相同均为 0.33 元/千克，山西和山东处于第四和第五位，内蒙古最低，单位价格仅有 0.3 元/千克。从总收益来看，在单位产量相差不大的情况下，单位价格成为决定总收益的主要因素，四川总收益最高，其他省份相差不大。从纯收益来看，内蒙古最高，主要是由于总成本最低且单位产量较高；四川居于第二位，主要是由于总成本最高导致纯收益相对总收益下降；宁夏和山西处于第三和第四位，总成本较高导致宁夏纯收益排名下降，总成本较低使得山西纯收益排名上升；河北和山东处于最后两位，主要是由于总成本过高。各地区总成本是影响青贮玉米生产纯收益的主要因素。

从总成本和纯收益的数值以及各省排序综合情况来看，总成本是影响青贮玉米纯收益的关键因素。四川青贮玉米的生产具有“高成本、高收益”的特点，高收益得益于高产量和高价格。山东、河北青贮玉米的生产具有“高成本、低收益”的特点，租地费和机械费较高导致成本居高，品种选择和市场原因导致产量和价格双低。宁夏和山西青贮玉米的生产具有“中等成本、中等收益”的特点。内蒙古青贮玉米的生产具有“低成本、高收益”的特点，内蒙古租地费较低使得成本优势明显，同时单位产量较高，使得青贮玉米纯收益较高。综上可知，提高青贮玉米收益应着重考虑降低生产成本，减少不必要的要素投入。同时还可以从选择恰当的品种、提高管理水平和生产技术效率等方面来提高单位产量，从而提高种植青贮玉米收益。

四、结论与政策建议

（一）研究结论

总体上来看，2019 年苜蓿成本收益率略有下降，青贮玉米种植效益变化不大，黑麦草成本收益率有较大程度提高。从成本角度来看，2019

年苜蓿种植成本增加较多，主要由于人工和机械费用较大幅度增长所致；青贮玉米种植成本略有增长，除地租和其他费用外的费用均有所增加；黑麦草种植各项费用均有所下降，其中肥料和地租费用下降幅度较大。从收益角度来看，苜蓿生产纯收益比上一年增加6.39%，但收益率同比下降了6.78个百分点；青贮玉米生产纯收益比去年增加1.49%，收益率比去年略有下降；黑麦草纯收益比上一年增加213.74%，收益率同比提高了32.17个百分点。从市场价格来看，2019年苜蓿价格比上一年增加4.37%，是苜蓿纯收益增加的重要原因；青贮玉米单位价格比去年增加0.01元/千克；黑麦草价格单位价格比去年增加21.74%，是纯收益和收益率大幅度提高的主要原因。

通过对不同牧草的生产成本比较可知，黑麦草生产的总费用最高，青贮玉米次之，苜蓿的总费用最低。黑麦草总费用均值为1 579.47元/亩，青贮玉米总成本均值为852.16元/亩，紫花苜蓿总成本均值为621.29元/亩。租地费作为土地投入共同构成牧草生产的主要成本，除租地费以外，黑麦草需要更多的人工投入，青贮玉米和苜蓿则需要更多的机械需求。三种牧草的纯收益不断发生变化，其中苜蓿纯收益均值和成本收益率均值都排在第一位，黑麦草纯收益均值和成本收益率分别排在第二位和第三位；青贮玉米纯收益均值和收益率分别排在第三位和第二位。苜蓿不论是纯收益还是成本收益都最高，是牧草生产者较好的选择；黑麦草纯收益略低于苜蓿，其生长条件适于长江流域以南的地区，生产费用要求较高，使得成本利润率最低；青贮玉米适于中国绝大多数地区种植，虽然纯收益略低于黑麦草和苜蓿，但生产在中国大部分一年两熟的地区，通过和其他作物轮作，也可以获得更高的收益。

从不同地区牧草成本收益比较可知，2019年苜蓿和青贮玉米生产成本收益各具特点。就苜蓿而言，相对于单位价格来说，单位产量是决定总收益更为关键的因素，山东、内蒙古和河北苜蓿生产具有“高成本、高收益”的特点，宁夏和新疆紫花苜蓿的生产具有“低成本、低收益”的特点，山西苜蓿的生产具有“高成本、低收益”的特点，而黑龙江苜蓿的生产具有“低成本、高收益”的特点。就青贮玉米而言，总成本是影响青贮玉米纯收益的关键因素，四川青贮玉米的生产具有“高成本、高收益”的特点，高收益得益于高产量和高价格，而山东、河北青贮玉米的生产具有“高成本、低收益”的特点。宁夏和山西青贮玉米的生产具有“中等成本、中等收益”的特点。内蒙古青贮玉米的生产具有“低成本、高收益”的特点。

（二）政策建议

1. 优化牧草产业生产要素投入机制，提高牧草生产效率

研究结果表明，牧草种植在土地、机械、人工等要素投入方面依旧面临诸多问题与挑战。为降低土地成本在牧草生产总成本中的比例，可以通过科学推动牧草适度规模生产，提高规模效益，提升牧草生产效率；建立科学合理、机动灵活的牧草生产用地制度，切实解决“与粮争地”用地难题。为了降低机械费用在牧草生产总成本中比例，从多方面健全牧草生产社会化服务体系，大力推广机械社会化服务，对经营牧草农机社会服务的市场主体给予政策性补贴，鼓励和支持其发展，从而促进牧草生产效率的提高；扶持政策优先向先进机械研发推广方向倾斜，加大适合山地丘陵等地形条件的牧草机械的研发与推广支持力度。为降低人工成本在总成本中的，要加大牧草经营者的培训支持力度，创新技术服务机制与模式；鼓励和支持高校毕业生、大学生村官、农业科技人员等进入牧草产业，积极培养“懂草爱草”的新型职业草人。

2. 因地制宜选择牧草种类，优化牧草生产区域布局

由于资源要素禀赋的差异，不同省份优势牧草生产种类并不相同，不同省份要根据本地区的生产条件特点选择具有比较优势的牧草生产种类，从而提高牧草生产收益。对紫花苜蓿生产来说，要继续巩固和扩大内蒙古通辽和赤峰地区、甘肃河西走廊和宁夏河套灌区等集中连片的优质苜蓿种植基地的建设，并适当调减其他非优势产区紫花苜蓿的生产。就青贮玉米来说，要避免全局摊开和一拥而上，要重点布局在畜牧业基础较好且生产效率高的东北和西北地区，山东和河北等东部地区青贮玉米的生产都不具有优势，没有生产补贴的地区种植积极性并不高。因此，要适当调整非优势产区牧草的生产规模，进一步鼓励牧草向经济效益好的优势产区布局，向草食畜牧业发展较好的区域布局，从而更好地发挥产业集聚效应，促进草牧业一体化发展。

3. 提升牧草产业发展战略地位，完善牧草产业政策支持体系

建议重新定位牧草产业发展战略地位，将牧草产业从小农业结构调整提升至大农业结构调整中，即将牧草产业提升至与“农林牧渔”同等重要的战略位置，推进“农林牧渔草”协调发展，并享受粮食等其他作物同等政策优惠。在推进“稳粮、优经、改饲、扩草”的基础上，着力转变传统农业生产发展观念，确立农林牧渔草协调发展的农业生产系统，建立农林牧渔草协同推进的政策支持体系，助推牧草产业现代化发展。另外，我国牧草生产效益不稳定，迫切需要完善的政策支持体系，稳定经营者市场预期，提升牧草生产积极性，推动牧草产业持续稳定发展。建议整合中央和地方政府力量，建立健全长期稳定的牧草产业政策支持体系，完善资金投入机制，加大资金投入力度。

苜蓿高产高效关键技术应用效益分析报告

王明利　石自忠

苜蓿是“牧草之王”，加快发展苜蓿产业是保障草食畜牧业特别是奶业持续稳定高质量发展的重要基础。国内学者认为，“三聚氰胺”事件的发生与优质草产品缺乏息息相关。“三聚氰胺”事件之后，苜蓿等优质牧草在草食畜牧业发展中的重要作用得到逐步重视，国家出台系列扶持政策推动苜蓿产业发展，如实施振兴奶业苜蓿发展行动、推进粮改饲政策等。虽然国内苜蓿产业发展取得显著成效，但苜蓿供给依旧无法满足国内需求，致使2008年之后苜蓿进口呈现出“井喷式”增长态势。2019年1—10月，苜蓿干草进口量达到104.92万吨，苜蓿粗粉及颗粒进口量为2.53万吨，国内苜蓿市场对外依赖度高的现实没有得到根本转变。归根结底，苜蓿产业竞争力不强是关键推动因素，具体表现在苜蓿生产效率低下、产品质量不高、科技支撑不够等。要彻底转变苜蓿产业竞争力不强的现实，就需要依托高产高效关键技术加以支撑。

当前，我国苜蓿产业发展在科技支撑方面依旧存在诸多短板，但不同地区、不同经营主体积极探索高产高效技术应用模式，为苜蓿产业现代化发展起到重要示范引领作用。分析苜蓿高产高效关键技术应用效益，把握高产高效关键技术应用过程中面临的突出问题与现实挑战，可为政策制定者及生产经营者提供科学决策参考。本报告基于近年来对内蒙古自治区阿鲁科尔沁旗的实地调研及跟踪调查，系统分析了种子、灌溉、机械等高产高效关键技术应用的经济、生态和社会效益，剖析了相关问题并提出了对策建议，以供生产和政策决策参考。

一、效益分析

（一）经济效益

使用高产高效关键技术后，近年来苜蓿单位产量维持在700千克/亩之上，2019年单位产量达到748.74千克/亩。就苜蓿生产纯收益而言，2017年为722.85元/亩，2019年达到795.45元/亩；收益率也一直维持在100%之上，2019年为103.83%。无论是生产效率还是经济效益，高产高效关键技术带来的效果十分明显。就单位产量而言，一般农牧户苜蓿单产较低，甚至仅为200～300千克/亩；2017年全国苜蓿商品草平均单产为573.48千克/亩，2019年美国苜蓿干草单产为530.77千克/亩，均低于使用高产高效关键技术后经营主体的苜蓿生产水平。另外，高产高效关键技术的使用使苜蓿产品质量得到显著提升。调研得知，多数企业第一茬苜蓿质量已经达到粗蛋白（CP）含量高于18%、酸性洗涤纤维（ADF）低于35%、中性洗涤纤维（NDF）低于45%、相对饲用价值（RFV）高于125%的国家二级标准。总体来看，苜蓿高产高效关键技术的应用具有明显的经济效益，且该效益还将延伸至奶业等草食畜牧业。

表1 苜蓿成本收益一览表

单位：千克/亩，元/千克，元/亩，%

年份	单位产量	价格	种子费	人工费	肥料费	水电费	机械费	其他费用
2017	713.64	1.73	17.71	39.87	104.73	71.41	175.91	100.92
2018	738.83	1.93	7.84	72.64	163.85	89.44	233.87	109.77
2019	748.74	2.09	22.78	88.41	158.40	105.64	262.80	128.06
均值	733.74	1.92	16.11	66.97	142.32	88.83	224.19	112.91

资料来源：根据内蒙古阿旗的调研数据测算得到。

（二）生态效益

采用高产高效关键技术助推苜蓿产业发展，还具有明显的生态效益。一方面，苜蓿属于豆科植物，是固氮增肥、改良土壤的先锋植物。振兴奶业苜蓿发展行动项目示范基地检测结果发现，苜蓿种植地土壤碳、氮含量得到明显提高，随着苜蓿生长年限的增加，土壤肥力不断增强。此外，苜蓿发达的根系能防止水土流失，苜蓿叶可有效减少地面裸露面积，降低地面扬尘，保护生态环境。另一方面，发展苜蓿产业符合新时代生态文明建设总体要求。当前，在国家积极推动生态文明建设的宏观背景下，推动苜蓿产业发展契合新时代新发展理念，是践行农业绿色发展的现实要求，有助于建成人与资源、环境协调统一的生态系统，实现人与自然和谐共生。同时，通过推进农业结构调整，推动苜蓿产业绿色发展，为草食畜牧业发展提供优质绿色饲草料基础。在草畜紧密结合的基础上，有利于实现草食畜牧业绿色发展，实现农业绿色发展内涵式延伸。

（三）社会效益

依托高产高效关键技术推进苜蓿产业发展，具有明显的社会效益。一是保障国内优质饲草料供给。当前，我国苜蓿进口主要源自美国，国内草食畜牧业特别是奶业发展的优质苜蓿需求对美国依赖度高。在中美关系不确定性持续存在的背景下，通过高产高效关键技术的应用，可提高优质饲草料供给能力，奠定国内奶业等草食畜牧业发展主动权，同时利于提升畜产品质量安全水平及国际市场竞争力。二是发挥苜蓿生产示范带头作用。高产高效关键技术的应用，提高了苜蓿生产效率，增加了苜蓿生产效益，有助于带动其他经营主体采取先进生产技术，积极投入苜蓿产业。三是助推增产增收与脱贫攻坚。依托“公司＋合作社＋农牧户”等发展模式，在增加就业机会的同时，还可拓展农牧民增产增收渠道，增加农牧民收入；将苜蓿产业发展纳入区域性产业扶贫范畴，可有效助推脱贫攻坚。

二、现存问题

（一）高产高效关键技术发展相对滞后

我国牧草产业起步较晚，科学技术对苜蓿产业的支撑力度亟待提升。目前，苜蓿产业发展在种子、机械、技术、管理等高产高效关键技术领域问题依旧突出。具体地，符合不同地区、不同气候条件下的优质苜蓿品种缺乏，盲目使用国外品种现象严重，但国外品种在国内适应性、持续性普遍不强；国产机械发展相对滞后，进口机械性能好但价格偏高，适合山地丘陵等地形地貌条件的苜蓿种植、收获、加工机械严重不足。苜蓿产业发展急需在良种、良机等关键领域实现关键技术的跨越式突破。

（二）高产高效关键技术政策扶持不够

苜蓿高产高效关键技术发展的滞后，归根结底是国家政策支持体系不完善造成的。虽然近年来国家高度重视苜蓿产业发展，出台了系列扶持政策，但真正与高产高效关键技术相关的直接支持政策措施少。苜蓿产业起步较晚、基础薄弱，与粮食等产业相比，缺乏竞争优势，单纯依靠市场力量来推进高产高效关键技术的发展持续性不强。同时，国外牧草种子、机械等关键技术的冲击力度近年持续加大。苜蓿高产高效关键技术的研发需要持续高强度投入，单独依靠市场力量恐难支撑，必须依托财政资金，加大政策支持力度，推动高产高效关键技术的持续发展。

（三）经营主体采用高产高效关键技术意识不强

一方面，苜蓿高产高效关键技术投入成本相对较高。种子、机械等关键技术的投入，与传统生产发展方式相比，对投入提出了更高的要求。调研得知，部分企业购置的进口苜蓿打捆机械，价格高达480万元，多数生产经营者无法承担。在规模化、标准化、机械化生产的现实要求下，如果不考虑财政补贴，单纯依靠市场主体自主进行高产高效关键技术投入恐难以为继。另一方面，传统中小农户采用高产高效关键技术的意识和能力不足。传统中小农户是苜蓿产业发展的重要经营主体补充，但生产经营理念滞后、劳动力素质不高等问题十分突出，高产高效关键技术不易被接受，也很难有能力去接受，迫切需要转变传统生产发展理念，提升传统中小农户经营管理水平，切实强化苜蓿高产高效关键技术应用的组织基础。

三、对策建议

（一）加大高产高效关键技术政策支持力度

建立健全苜蓿产业发展的政策支持体系，以立法形式确立长期稳定的苜蓿产业财政支持制度；将苜蓿高产高效关键技术纳入财政重点支持范围，创新财政支持体制机制，加大政策支持力度，引导财政资金优先向优良品种、先进机械等亟待攻克的领域倾斜。同时，依托财政资金撬动市场力量加大苜蓿高产高效关键技术的投入，缓解国家财政资金压力；鼓励商业银行、保险公司等市场力量，积极探索信贷担保、贴息等方式，强化高产高效关键技术等研发与推广主体的资本和信贷支持。从财政与金融、政府与市场等多方面，共同强化苜蓿高产高效关键技术支持的资本保障。

（二）强化高产高效关键技术研发与推广

在完善苜蓿高产高效关键技术政策支持体系的基础上，强化苜蓿高产高效关键技术研发与推广力度。建议加强政府部门、科研院所、高新企业、合作社、家庭农场等主体的合作力度，建立长期稳定的产学研合作机制；强化技术研发的国际合作力度，积极引进、吸收国外先进技术，提升技术转化水平及自主研发能力。同时，多渠道推进苜蓿高产高效关键技术的集成与示范，依托“企业＋合作社＋农户”“企业＋家庭农场”等经营模式，实施技术推广方式创新，让不同类型的经营主体、不同层次的“草人”都有机会、有能力、有意愿采取先进关键技术。

（三）提高经营主体高产高效关键技术采用能力

多渠道支持苜蓿产业发展的经营主体培育，着力推动企业、合作社、家庭农场等新型经营主体积极采用苜蓿高产高效关键技术，带动传统小农户使用先进技术的能力与意愿。完善政府主导、部门协作、统筹安排、产业带动的培训制度，加大苜蓿高产高效关键技术的培训力度；依托培训制度与平台，让不同类型及不同层次的经营主体分享关键技术使用经验与教训，真正让苜蓿生产关键技术进入“千家万户”，让新兴职业“草人”真正“懂草”。同时，要创新人才流动机制，吸引高素质人才进入苜蓿产业，强化高产高效关键技术应用的人才保障。

牧草生产效益及效率研究——以山东省为例*

于　梅　刘洪庆　王明利

牧草产业是我国农业发展的重要组成部分，是落实粮食安全的重要抓手，是推进生态文明建设、推动畜牧业高效发展的重要基础，更是提升社会发展水平、提高农牧民经济收入的重要保障。不同区域间饲草需求和供给存在明显差异，尤其是山东等省份草食畜矛盾最为突出（张英俊等，2014）。山东省是我国草食畜牧业大省，奶牛、肉牛、肉羊等养殖较多。近年来，随着人民生活水平的提高，对肉蛋奶等产品的品质要求也越来越高，传统籽粒玉米＋秸秆的喂养方式，不仅成本较高，且营养成分较低，这就要求养殖户或养殖企业要为家畜提供优质牧草，尤其是苜蓿和青贮玉米等营养价值较高的牧草。山东省自粮改饲政策实施，开展种养结合试点工作以来，通过抓试点、育典型、重科技、促联合，不断加大种草扶持力度，扩大粮改饲面积，推进种养结合、草畜配套和农牧循环（于梅等，2019）。为山东草牧业可持续发展奠定了基础。

山东省牧草产业的发展仍面临许多不足之处，如地方政府重视程度不够、宣传力度不到位，牧草种植技术相对滞后、生产机械匮乏，牧草市场风险与政策体系不健全，农业劳动力有效供给不足等突出问题。根据畜牧业市场需求，牧草的供给是有效发展畜牧业的基本条件之一，牧草与粮食作物的经济效益是目前种植户关切问题之一，也是牧草产业发展趋势的前提之一。在保证牧草经济效益的前提下，如何提升牧草生产水平也已成为企业或农户关注的问题。基于上述问题，本文从宏观的角度，对山东省牧

---

* 本研究成果为于梅 2020 年硕士毕业论文中的部分成果，指导教师刘洪庆和王明利。

草产业的发展现状、存在问题及未来趋势进行探讨。根据国家牧草产业技术体系经济研究团队实地调研数据，从微观的角度，对牧草的生产效益、效率及影响因素进行分析。从纯收益和成本收益率两个经济指标，对牧草与粮食作物的经济效益进行比较，分析其成本收益变化原因；基于规模报酬可变的 SBM 模型和 Malmquist 全要素生产率，测算牧草的生产效率，并进行探讨分析；探究影响牧草产业发展的关键因素，分析家庭基本特征、技术培训、社会环境、市场与风险等因素对牧草产业发展的影响，阐述其影响机理；最后设计牧草产业发展的调控对策。总体而言，回答并深入研究上述问题，对山东牧草市场宏观调控，牧草产业的合理持续发展有现实而深远的理论和实践意义。

一、牧草产业发展现状、问题及趋势

1980 年初，山东省就开展人工种草、改良草场的工作，为以后草牧业的发展打下了坚定基础（孔维国等，2005）。关于粮食安全问题，中央相当重视，粮食安全问题的根本是饲料短缺，牧草产业发展的滞后现象已经威胁到草食畜牧业发展的转型和升级。为此，中央 1 号文件连续多年出台各项有利牧草产业发展的政策。山东省也为更好地发展优质牧草做出了相应对策，2018 年聊城国家级粮改饲试点示范县增加到 9 个，申请省级以上财政补助资金 1 520 万元，实施主体达到 81 个；滨州无棣县规划了 5 万亩园区种植牧草；东营利垦县流转 9 万亩耕地种植牧草。山东省已经形成了以生产青贮玉米和苜蓿为主的草产品区域布局，为满足草食畜牧业发展的市场要求提供优质饲草。

各地建立综合试验站牧草示范基地，龙头企业或合作社和科研院所联合，成立牧草产业创新联盟等机构，如阳谷凤祥创新实践基地、绿风种子繁育基地等牧草推广平台。通过综合实验站与科研单位或高等院校合作，进行大田试验，对不同品种的苜蓿和青贮玉米等优质牧草的生产性能和营养价值进行评定，筛选出适宜山东种植的优良苜蓿和青贮玉米等品种。各地政府鼓励种植饲草作物，以养带种，多元发展，转变传统种养观念，实现种养结合与农牧循环。山东省推进粮改饲工作，优化种植业结构，联合龙头企业或合作社促进种植业与畜牧业有效结合，带动农民增产增收，对促进种养一体化发展有着重要的意义（郑瑞强等，2016）。

（一）全国牧草产业发展现状

1. 牧草种植基本情况

牧草产业是草牧业的一部分，牧草产业的发展会影响中国畜牧业发展。根据中国草业统计数据可知（表 1），2010—2017 年全国年末保留种草面积和每年新增种草面积波动幅度不大。年末保留种草面积平均在 31 294万亩左右，其中多年生牧草占 78.02%，平均在 24 416 万亩左右。多年生牧草中苜蓿种植较多，平均为 6 619 万亩。当年新增种草面积平均在 10 685 万亩上下浮动，其中一年生牧草和多年生牧草当年新增种草面积平均为 6 878 万亩、3 807 万亩，分别占总新增种草面积的 64.37%、35.63%。多年生牧草中苜蓿种植较多，为 1 210 万亩，占多年生牧草当年新增种草面积的 31.78%。苜蓿被称为“牧草之王”，营养价值极高，用于喂养奶牛、肉牛、肉羊等草食性家畜，不仅能提供优质的牛奶和肉制品，而且苜蓿经济效益较高，有助于种植户增加经济收入。

表 1　2010—2017 年全国牧草种植基本情况

单位：万亩

年份	年末保留种草面积			当年新增种草面积			
	合计	多年生牧草	苜蓿	合计	一年生牧草	多年生牧草	苜蓿
2010	32 023	25 209	—	11 253	6 814	4 440	—
2011	29 266	22 287	5 662	11 160	6 980	4 180	988
2012	29 719	23 225	6 250	10 418	6 493	3 924	1 483
2013	31 301	24 415	7 448	11 542	6 886	4 656	1 755
2014	33 010	25 840	7 117	10 785	7 170	3 615	1 186
2015	34 629	27 172	7 067	11 357	7 457	3 899	1 218
2016	30 843	24 323	6 562	9 790	6 524	3 266	1 006
2017	29 557	22 858	6 225	9 174	6 699	2 474	837
均值	31 294	24 416	6 619	10 685	6 878	3 807	1 210

资料来源：《中国草业统计》。

2. 牧草种子生产情况

种子是生物多样性的重要组成，牧草的生产离不开优质草种。根据不同地区气候、土壤等差异，对草种的要求也不相同，要因地制宜地进行品种筛选。从表2全国牧草种子生产情况来看，2010—2017年我国牧草种子田面积平均在167万亩左右，整体呈下降趋势；草种产量整体也呈下降趋势，平均在90 085万吨左右；一年生牧草产量平均在46 453万吨，整体呈上升波动趋势；多年生牧草种子产量平均在43 632万吨，整体呈下降趋势。从时间方面来看，2010年牧草种子田面积最高，产量最多；2016年牧草种子田面积最低，产量最少；一年生牧草种子产量从2012年开始连续下滑四年时间，2017年产量增长幅度较大，上升到57 918万吨；多年生牧草种子产量整体呈下降趋势，其中2011年多年生牧草种子产量波动最大，下降了36.78%。

表2　2010—2017年全国牧草种子生产情况

单位：万亩，万吨

年份	种子田面积	总产量	多年生产量	一年生产量
2010	276	117 430	71 091	46 339
2011	192	88 861	44 947	43 914
2012	179	83 975	36 273	47 701
2013	144	81 468	35 965	45 502
2014	143	82 550	38 332	44 219
2015	133	89 978	45 144	44 834
2016	126	77 538	36 344	41 194
2017	146	98 877	40 959	57 918
均值	167	90 085	43 632	46 453

3. 牧草及商品草的生产情况

由表3全国牧草及商品草的生产情况来看，截至2017年全国牧草产量有小幅度下降趋势，平均年产量在17 502.84万吨左右，可能由每年不同地区不同程度的自然灾害影响造成。具体来看，2010—2017年苜蓿产量有所增长，平均年产量在2 933.57万吨，呈增长趋势；商品草的平均年产量在938.72万吨，从2015年开始呈逐渐上升趋势，2010—2015年呈波动性下降趋势；苜蓿商品草的平均年产量在370.27万吨，其中2010—2012年产量波动较大、2013—2017年发展趋势较平缓。从商品草

表 3　2010—2017 年全国牧草生产情况

单位：万吨

年份	牧草产量	苜蓿产量	商品草产量	苜蓿商品草产量	商品草出口量	商品草进口量
2010	18 292.34	2 476.19	1 208.66	523.23	8.51	0.05
2011	16 866.38	2 329.62	1 020.99	359.00	11.13	0.04
2012	16 499.91	2 879.94	799.96	271.00	7.48	—
2013	18 938.67	3 325.06	924.57	343.62	8.22	0.57
2014	17 999.71	3 285.25	936.67	357.93	3.75	—
2015	17 426.67	3 217.52	783.12	368.51	6.87	6.63
2016	16 405.26	3 021.27	817.10	379.84	4.60	7.77
2017	17 593.79	2 933.57	1 018.69	359.00	67.16	3.53
均值	17 502.84	2 933.55	938.72	370.27	14.72	3.10

资料来源：《中国草业统计》。

进出口贸易方面来看，2010—2017 年我国商品草的出口量波动幅度较大，2014 年商品草的出口量为最低点 3.75 万吨，2017 年出口量达到了 67.16 万吨，比平均年产量高出 78.08%；2010—2016 年商品草的进口量增长速度较快，呈逐年增长趋势，但 2017 年商品草的进口量呈下降趋势，且下降幅度较大，造成的原因可能是由中美贸易的影响。

（二）山东牧草产业发展现状

1. 山东牧草种植基本情况

由图 1 山东牧草种植基本情况来看，山东省年末保留种草面积和每年新增种草面积整体呈先下降后增长趋势，截至 2017 年山东省年末保留种草面积为 240.4 万亩。一年生牧草当年新增种牧草面积整体呈增长趋势，尤其是 2017 年增长幅度较大，当年新增种草面积为 219.1 万亩，比 2016 年当年新增种草面积多了 108.7 万亩，其中青贮玉米 2010—2017 年当年新增种草面积增长了 147.6 万亩，2017 年当年新增种草面积为 212.1 万亩。多年生牧草种植面积 2015 年达到最低，为 82.2 万亩，其中紫花苜蓿种植面积下降幅度较大，2010—2017 年下降了 131.4 万亩。山东青贮玉米与紫花苜蓿种植面积差异较大，青贮玉米的种植面积大幅度增长，紫花苜蓿的种植面积大幅度下降，说明粮改饲政策的实施对牧草种植有很大的

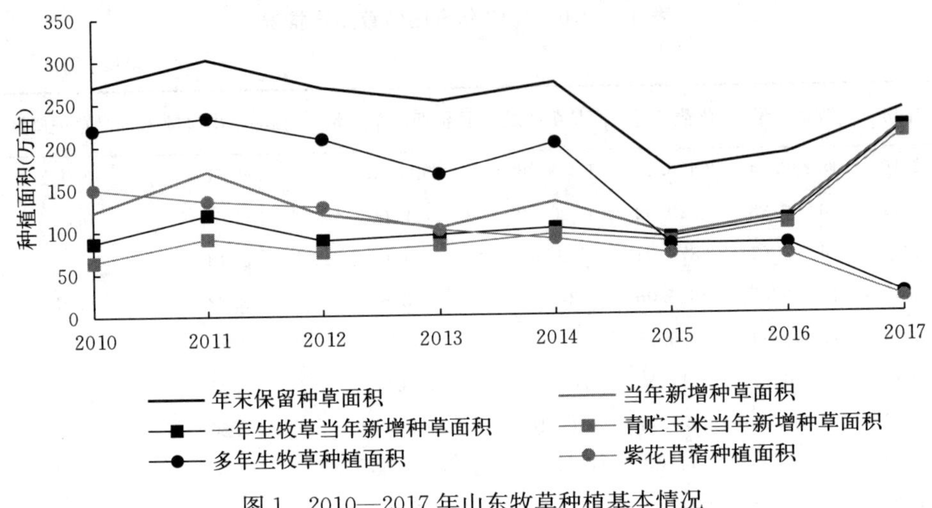

图 1 2010—2017 年山东牧草种植基本情况

影响。

2. 山东牧草种子生产情况

不同种类牧草对生长环境和农业资源需求存在一定差异，多年生牧草，如紫花苜蓿、沙打旺、多年生黑麦草等，种植后可以进行多年收获；一年生牧草，如青贮玉米、苏丹草、燕麦等，只可收获一年。牧草的种植离不开种质资源，由表 4 可知，山东牧草种子产量呈逐年下降趋势，2010—

表 4 2010—2017 年山东省牧草种子生产情况

单位：吨

年份	总产量	紫花苜蓿	小黑麦	冬牧 70 黑麦	其他草种
2010	2 808	435	300	1 165	908
2011	2 896	395	800	603	1 098
2012	999	360	600	39	—
2013	615	487	60	18	50
2014	1 328	613	—	15	700
2015	647	542	90	15	—
2016	596	196	400	—	—
2017	158	158	—	—	—
均值	1 256	398	375	309	689

2017 年，牧草种子产量从 2 808 吨下降至 158 吨。尤其是粮改饲实施以来，紫花苜蓿的种子产量下降幅度较大，紫花苜蓿的种植面积也在减少，2015—2017 年从 542 吨降到 158 吨，下降了 70.85%，紫花苜蓿种质资源产量的减少，对苜蓿的种植产生抑制作用。小黑麦种子产量 2015 年之前整体呈下降趋势，2016 年种质资源才有所回升。冬牧 70 黑麦种子产量呈急剧下降趋势，从 2010 年 1 165 吨产量下降到 2015 年 15 吨。由此看出，山东牧草种质资源不充足，应该加强本地种质资源的保护。

3. 山东商品草的生产情况

在牧草品质筛选过程中，对品种进行合理分配化，选择产量高、营养价值高、销量好的品种进行种植，不仅能打造绿色环保高品质的草产品，也能提高畜牧业优质牧草需求量。山东商品草的生产情况如表 5 所示。2010—2017 年山东商品草的平均年产量 43.08 万吨，其中紫花苜蓿产量趋势为逐年减少，2010—2013 年，紫花苜蓿生产情况相对稳定，从 2015 年开始产量急剧下降为 3.70 万吨。自实施粮改饲政策以来，随着青贮玉米种植面积迅猛增长，尤其是 2017 年比 2016 年当年新增青贮玉米种植面积多了一倍，青贮玉米产量也迅速增长。其他一年生牧草呈现先上升后下降再上升的趋势，其他多年生牧草呈先下降后上升再下降趋势，多年生牧草与一年生牧草产量呈互补状态。由此可见，山东省粮改饲政策的实施略显成效。

表 5　2010—2017 年山东省商品草生产情况

单位：万吨

年份	总产量	紫花苜蓿	青贮玉米	其他一年生牧草	其他多年生牧草
2010	47.53	17.62	—	7.85	22.06
2011	57.91	13.96	12.12	7.88	23.95
2012	61.06	14.70	15.82	20.29	10.25
2013	46.92	12.02	8.01	18.00	8.90
2014	53.10	9.68	14.31	1.91	27.21
2015	9.68	3.70	5.98	—	—
2016	20.93	4.86	10.55	5.32	0.20
2017	47.54	3.83	13.86	24.53	5.32
均值	43.08	10.05	11.52	12.25	13.98

（三）牧草产业发展面临的问题

1. 生产管理技术落后，防范风险能力较低

一方面，山东苜蓿、青贮玉米等牧草种植户生产和管理技术较为落后，参与技术培训接受能力偏低，且效果不明显。再加上相关宣传力度不够，使得经营者应对自然灾害、病虫害防控能力不强，对于田间管理、测土施肥、青贮收获、青贮贮藏及青贮加工等技术认知不清。造成这种原因可能是由山东省从事农业劳动的农民年龄普遍偏大，劳动力逐渐趋于老龄化，年轻的劳动力大多在外打工，而稳定的劳动力能够提高农业的生产技能，可以确保农事活动的正常进行。另一方面，基层技术服务人员较少，高素质技术人才不够，培训力度不强。目前，有较少数高素质技术人才愿意下乡，因此，无法及时全面给农民提供综合性服务。技术培训开展次数不多，涉及方面较窄，实践性不强，导致农民在遇到自然灾害和技术问题时得不到有效解决。

2. 种植产业结构发展不合理，青贮机械装备数量有限

山东省虽然已有龙头企业和合作社进行规模化经营，但很多地区还是以小农户种植为主，牧草种植面积比较零散，机械化收割困难。部分地区种植结构不合理，致使产量缩减或营养品质较低。对于大规模种植地区，当地缺乏大型青贮玉米生产机械，导致养殖企业和收贮企业面临饲草收储难的问题。由于牧草收贮有时限，企业往往很难在短时间内完成收贮，造成了极大浪费。同时，青贮也有时限要求，收获太早，秸秆水分太多，造成干物质少，酸度大，对牲畜健康造成极大影响；收获太晚，水分太少，不利于秸秆发酵。由此可见，扩大牧草种植规模和切实解决好青贮机械问题，应该是推进当地青贮玉米持续稳定发展的重要保障。

3. 牧草相关政策不完善，收购企业大额资金投入困难

从青贮玉米生产来看，小规模种植需要大量劳动力，中规模和大规模种植需要机械化生产，租地、人工、机械、肥料、水电等成本投入很高，粮改饲政策的补贴对象是收储企业，无法为种植户提供补贴。种植户在牧草生产过程中缺乏保险保障，很多地区没有牧草生产保险，对种植户种植牧草意愿造成了一定影响。企业收购青贮饲料是用于全年的牲畜饲喂，要在十几天内收购完成，必须要投入大量资金。目前，银行对企业周转金贷

款缺乏明确政策支持，企业运行困难较多，国家政策补贴力度不够。

（四）牧草产业未来发展趋势

1. 趋于现代化管理模式

山东牧草种植会逐渐趋于现代化模式。养殖龙头企业、大型养殖场、家庭农场会建立自有牧草基地，保障自给自足。农户积极加入合作社或龙头企业，进行规模化统一管理，采取考察学习、举办培训班等多种形式，加强与农业高等院校的合作，搞好粮改饲技术的培训、推广与应用。龙头企业不断引进先进的种植管理、加工配套技术，如现代微灌溉（渗灌、滴灌等）、测土配方施肥、病虫害防控、应对自然灾害、收获干燥、青贮贮藏等，大力培养基层技术人员，普及农户预防自然灾害、病虫害，收获青贮和贮藏的知识，指导实践操作，让农户大胆种植牧草，养殖场放心收购。

2. 实现牧草价格均衡

在市场经济条件下，牧草的供求平衡主要是价格机制作用的结果，由牧草的供给和需求之间的相互影响而实现的。养殖户反映用青贮玉米喂养奶牛，在成本不变的情况下，每头牛产奶量比“秸秆＋精饲料”喂养日增产 3 千克左右，奶牛和牛奶的质量均有所提升，大大降低了奶牛的淘汰率。当牧草的营养品质达到国家标准时，养殖户或收购企业会减少对国外牧草品质的依赖，优先购买国内优质牧草。价格的过高或过低都会对牧草的需求量产生影响，因此，未来牧草的价格趋势会达到一种均衡状态。

3. 满足市场需求

在农业供给侧改革、粮改饲的背景下，农户优化传统种植结构，使牧草产业进入快速发展阶段。各地区在发挥政府与市场力量的同时，还强化了国内企业、科研院所、高等院校等与国际有关单位的合作力度，引进了国外先进牧草生产机械设备及研发技术，这些都有力推动了牧草产业发展。今后需充分处理好种植户与养殖场的利益关系，稳定种草农户或企业的利益分配，最大限度地提高广大种草农户或企业种植积极性，这样将既有利于加快牧草产业发展进程，同时还保障畜牧业转型升级中对优质饲草的强劲需求。

二、牧草生产成本收益比较

畜牧业的飞速发展，农业供给侧结构性改革的深入推进，“粮＋经＋饲”三元种植结构的调整，不仅推动了我国牧草产业的发展，也为山东牧草产业带来了前所未有的机遇。在市场经济体制条件下，牧草经济和其他经济活动在投入产出、成本收益之间的相互比较，是体现牧草生产利润率相对高低、衡量牧草生产效益的重要标准（朱雪辉和黄喜良，2019）。“比较效益”一般是指对两种或两种以上考察对象的效益进行比较时所用的一个概念，所以，比较效益的高低是针对比较对象相对而言的（李首涵等，2015）。山东省牧草主要是以苜蓿和青贮玉米为主，但牧草种植比例和规模较小，政策扶持体系相对不完善（于梅等，2019），因此，要加大种草扶持力度，推进种养结合、草畜配套和农牧循环。本文通过比较牧草与粮食作物之间的成本收益，从成本投入、市场价格和产量等方面分析牧草的成本收益变化。

（一）数据来源与研究方法

1. 数据来源

数据来源于 2014—2019 年国家牧草产业技术体系经济研究团队对山东牧草及粮食作物跟踪调研数据，包括聊城、滨州、东营、临沂、莱州、即墨等地区。牧草主要以苜蓿和青贮玉米为主，粮食作物主要以小麦和籽粒玉米为主。本文主要对牧草与粮食作物成本效益进行比较分析，并对成本收益的变化原因进行探讨。表 6 为 2014—2019 年牧草及粮食作物有效样本数量。

表 6　2014—2019 年山东省牧草及粮食作物有效样本数量

单位：个

年份	苜蓿	青贮玉米	小麦	籽粒玉米
2014	20	72	40	43
2015	13	17	51	50
2016	17	27	33	42

（续）

年份	苜蓿	青贮玉米	小麦	籽粒玉米
2017	12	71	47	10
2018	12	71	45	12
2019	6	61	67	28

资料来源：国家牧草产业技术体系调研数据。

2. 研究方法

本研究主要是由纯收益和成本收益率两个经济指标来展开比较分析，经济核算中纯收益是指总收入扣除一切直接物耗、生产者自己和他人劳动投入、间接费用分摊后的价值余额。农产品成本收益一般采用亩收益，其计算公式为：

纯收益（元/亩）＝单位产量×价格－成本费用　　(1)

农业生产中以成本收益率反映生产经济效益，其计算公式为：

成本收益率（%）＝(纯收益/成本费用总额)×100%　　(2)

（二）牧草与粮食作物成本收益比较

1. 不同年份粮食作物成本收益变化

整体来看，小麦和籽粒玉米投入与产出波动幅度相对不稳定（表7）。从产量和价格来看，产量的不稳定可能是气候和土壤质量造成的。2014—2019年小麦平均亩产达到465.44千克/亩，2016年亩产最低为409.39千

表7　2014—2019年山东省粮食作物成本收益

单位：千克/亩，元/千克，元/亩，%

品种	年份	单位产量	价格	成本费用						纯收益	成本收益率
				种子	肥料	水电	机械	人工	其他		
小麦	2014	497.63	2.43	61.67	207.00	68.75	132.25	200.50	173.74	365.33	43.29
	2015	534.71	2.25	56.47	191.08	46.08	115.20	154.51	337.23	302.53	33.59
	2016	409.39	2.47	74.33	175.45	28.55	87.88	120.61	169.48	354.89	54.07
	2017	491.28	2.35	67.23	134.72	54.55	167.36	60.21	267.72	402.72	53.57
	2018	449.33	2.39	66.84	139.04	57.09	166.31	62.67	261.96	319.99	42.44
	2019	410.30	2.20	74.28	147.54	41.33	147.07	36.87	287.21	168.36	22.93
	均值	465.44	2.35	66.80	165.81	49.39	136.01	105.90	249.56	318.97	41.65

（续）

品种	年份	单位产量	价格	成本费用						纯收益	成本收益率
				种子	肥料	水电	机械	人工	其他		
籽粒玉米	2014	579.07	2.27	58.74	198.95	70.09	110.12	169.49	167.66	539.44	69.60
	2015	586.60	1.64	54.88	181.70	51.70	108.30	171.40	243.93	150.11	18.49
	2016	481.43	1.70	58.10	154.76	14.00	84.76	105.71	159.56	241.54	41.87
	2017	553.85	1.75	46.69	130.77	36.31	115.69	50.00	194.62	395.16	68.83
	2018	605.00	1.52	46.70	131.00	35.70	110.90	60.00	149.00	386.30	72.44
	2019	463.21	1.81	49.57	142.79	39.00	107.86	66.67	195.93	236.59	39.31
	均值	544.86	1.78	52.45	156.66	41.13	106.27	103.88	185.12	324.86	51.76

注：种子、肥料、水电、机械、人工及其他费用以种植面积作为权重求其平均；其他费用包含土地、农药、农膜等费用。

克/亩，2015 年最高为 534.71 千克/亩；籽粒玉米平均亩产达到 544.86 千克/亩，2019 年亩产最低为 463.21 千克/亩，2018 年最高为 605.00 千克/亩。交易价格的波动与市场需求有关。2014—2019 年小麦价格波动为 0.27 元/千克，2016 年小麦价格最高为 2.47 元/千克，2019 年价格最低为 2.20 元/千克；籽粒玉米价格波动为 0.75 元/千克，2015 年籽粒玉米价格最高为 2.27 元/千克，2018 年价格最低为 1.52 元/千克。

从成本费用来看，小麦和籽粒玉米平均成本费用为 709.49 元/亩，其中，人工和机械费用占成本费用的 31.86%，小麦人工费用平均 105.90 元/亩、机械费用平均 136.01 元/亩，籽粒玉米人工费用平均 103.88 元/亩、机械费用平均 106.27 元/亩。随着农业机械化的发展，人工成本下降幅度较大，2014—2019 年小麦人工费用下降了 163.63 元/亩，籽粒玉米下降了 102.82 元/亩。其他费用占成本费用的 30.63%，其中主要以租地费为主，小麦其他费用平均为 287.21 元/亩，籽粒玉米为 185.12 元/亩。种子、肥料和水电费用占成本费用的 37.51%，小麦种子、肥料及水电费用平均分别为 66.80 元/亩、165.81 元/亩、49.39 元/亩，籽粒玉米种子、肥料及水电费用平均分别为 52.45 元/亩、156.66 元/亩、41.13 元/亩。

从纯收益和成本收益率来看，小麦平均纯收益 318.97 元/亩，成本收益率平均每年为 41.65%，其中 2017 年的纯收益最高为 402.72 元/亩，2016 年成本收益率最高为 54.07%；籽粒玉米平均纯收益 324.86 元/亩，成本收益率平均为 51.76%，2014 年纯收益最高为 539.44 元/亩，2018 年成本收益率最高为 72.44%。相较而言，籽粒玉米的收益率要高于小麦，说明籽粒玉米的成本投入低于小麦，纯收益高于小麦。

2. 不同年份牧草成本收益变化

表 8 显示，山东苜蓿和青贮玉米的成本收益并不稳定。从产量和价格来看，2014—2019 年苜蓿平均亩产达到 992.82 千克/亩，2019 年亩产最低为 898.33 千克/亩，2018 年最高为 1 054.17 千克/亩；2014—2019 年青贮玉米平均亩产达到 3 379.21 千克/亩，2019 年亩产最低为 2 792.59 千克/亩，2016 年最高为 3 833.33 千克/亩。2014—2019 年苜蓿价格波动为 0.33 元/千克，2019 年苜蓿价格最高为 1.98 元/千克，2016—2017 年价格最低为 1.65 元/千克；青贮玉米价格波动为 0.03 元/千克，2015 年青贮玉米价格最高为 0.35 元/千克，2014 和 2016 年价格最低为 0.32 元/千

表 8　2014—2019 年山东省牧草成本收益

单位：千克/亩，元/千克，元/亩，%

品种	年份	单位产量	价格	成本费用						纯收益	成本收益率
				种子	肥料	水电	机械	人工	其他		
苜蓿	2014	982.05	1.83	76.83	100.80	26.75	189.25	156.50	521.00	762.02	67.78
	2015	1 035.77	1.91	51.54	90.77	37.69	144.31	117.82	573.84	962.35	94.72
	2016	973.24	1.65	30.88	99.06	52.29	285.65	128.76	261.17	748.04	87.20
	2017	1 013.33	1.65	78.33	115.83	43.00	176.67	55.83	576.17	626.16	59.87
	2018	1 054.17	1.90	82.92	131.67	52.58	183.33	65.83	611.16	875.43	77.64
	2019	898.33	1.98	77.33	146.67	55.00	137.17	101.67	412.00	848.85	91.29
	均值	992.82	1.82	66.31	114.13	44.55	186.06	104.40	492.56	798.92	79.26
青贮玉米	2014	3 437.30	0.32	60.27	185.56	50.51	138.65	144.37	211.43	309.15	39.09
	2015	3 628.46	0.35	47.54	143.08	41.15	125.77	134.62	374.23	403.57	46.58
	2016	3 833.33	0.32	36.67	166.67	26.67	120.33	126.67	290.84	458.82	59.75
	2017	3 347.58	0.33	50.47	140.45	43.68	144.15	59.55	260.27	406.13	58.14
	2018	3 236.00	0.34	56.18	136.65	45.08	144.34	57.54	256.92	403.53	57.92
	2019	2 792.59	0.33	55.48	150.93	36.24	150.63	50.19	328.03	150.05	19.45
	均值	3 379.21	0.33	51.10	153.89	40.56	137.31	95.49	286.95	355.21	46.82

注：苜蓿为干草产量和价格，青贮玉米为鲜重产量和价格。

克。牧草产量和交易价格的波动情况可能与自然灾害、生产技术水平和牧草市场的供需有关。

从成本费用来看，苜蓿和青贮玉米平均成本费用为 886.71 元/亩，人工和机械费用占成本费用的 29.51%，苜蓿人工费用平均 104.40 元/亩、机械费用平均 186.06 元/亩，青贮玉米人工费用平均 95.49 元/亩、机械费用平均 137.31 元/亩。随着农业机械化的发展，2014—2019 年苜蓿人工费用下降了 54.83 元/亩，青贮玉米下降了 94.18 元/亩。其他费用占成本费用的 43.96%，其中主要以租地费用为主，苜蓿其他费用平均 492.56 元/亩，青贮玉米为 286.95 元/亩。种子、肥料和水电费用占成本费用的 26.53%，苜蓿种子、肥料及水电费用平均分别为 66.31 元/亩、114.13 元/亩、44.55 元/亩，青贮玉米种子、肥料及水电费用平均分别为 51.10 元/亩、153.89 元/亩、40.56 元/亩。

随着农业机械设备的不断普及，有效地降低了人工成本，同时缩短了刈割时间。从纯收益和成本收益率来看，苜蓿平均纯收益为 798.92 元/亩，成本收益率平均为 79.26%，其中 2015 年的纯收益和成本收益率最高，分别为 962.35 元/亩、94.72%；青贮玉米平均纯收益为 355.21 元/亩，成本收益率平均为 46.82%，2016 年纯收益和成本收益率最高，分别为 458.82 元/亩、59.75%。

3. 不同年份牧草与粮食作物比较效益

图 2 为 2014—2019 年山东牧草与粮食作物比较效益。整体来看，粮食作物平均每年纯收益为 321.91 元/亩，牧草为 576.51 元/亩，牧草平均每年纯收益比粮食作物高出 254.60 元/亩；粮食作物平均每年成本收益率为 46.70%，牧草为 63.29%，牧草平均每年成本收益率比粮食作物高出了 16.59%。

从纯收益方面来看，苜蓿纯收益每年均高于小麦和玉米。苜蓿平均纯收益比小麦和籽粒玉米之和高出 155.09 元/亩，2015 年苜蓿纯收益最高，平均每亩比小麦和籽粒玉米的纯收益高出 509.71 元。2019 年山东省部分地区在不同时期分别遭受了旱灾、涝灾和风灾，导致青贮玉米倒伏严重，产量损失较高，纯收益平均为 150.05 元/亩，因此 2014—2019 年青贮玉米纯效益平均水平会降低。青贮玉米平均纯收益比小麦高出 36.24 元/亩，

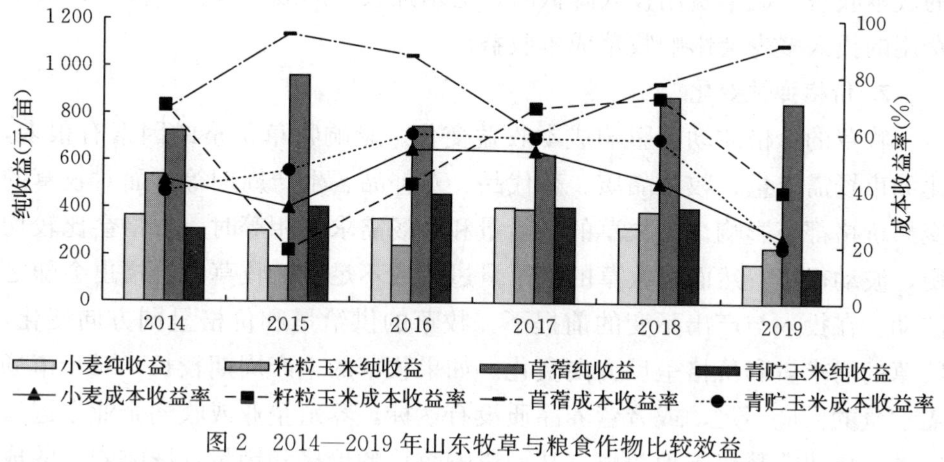

图 2　2014—2019 年山东牧草与粮食作物比较效益

比籽粒玉米高出 30.35 元/亩，2016 年青贮玉米纯收益最高，比小麦多出 103.93 元/亩，比籽粒玉米多出 217.28 元/亩。

从成本收益率方面来看，苜蓿成本收益率的发展趋势波动幅度较大，青贮玉米除去 2019 年受灾严重外，成本收益率整体呈逐年上升发展趋势；粮食作物成本收益率呈先下降后上升再下降的发展趋势，2014—2015 年粮食作物成本收益率下降了 60.81%，2017 年上升了 70.32%，2019 年下降了 60.16%。2014—2019 年苜蓿平均成本收益率为 79.26%，青贮玉米为 46.82%，小麦为 41.65%，籽粒玉米为 51.76%。苜蓿平均成本收益率比小麦高出 37.61%，比籽粒玉米高出 27.50%；青贮玉米平均成本收益率比小麦高出 5.17%，比籽粒玉米低了 4.94%。总体来说，牧草的成本收益率增长率高于小麦和籽粒玉米，种植户得到的经济效益最高。

（三）成本收益变化原因

1. 成本费用投入

牧草种植的成本投入会影响成本收益变化。从牧草的成本收益中可以看出，牧草的成本投入很高，平均成本费用为 886.71 元/亩。人工和机械费用占成本费用的 29.51%，其中机械费用主要包含整地旋耕、播种、施肥、喷洒农药、收割、搂草、打捆等费用；其他费用占成本费用的 43.96%，主要以租地费用为主；种子、肥料和水电费用占成本费用的 26.53%。在价格和产量稳定的情况下，成本费用投入过高，会降低农户的成本收益，成本费用投入降低时，会增加农户的成本收益，因此，成本费用的投入多少会影响牧草成本收益。

2. 价格弹性变化

牧草的价格波动会影响成本收益变化。影响牧草价格的因素有很多，比如市场需求量、牧草品质、替代品、互补品、生产周期等方面对牧草的交易价格都有影响。当牧草的供给量和市场需求量相等时，价格会比较均衡，波动很小，然而当牧草的供给量过多或不足时，牧草的价格也会随之波动。在投入与产出不变的前提下，牧草的供给量和价格呈同方向变化，牧草的需求量和价格呈反方向变化。如果牧草的生产周期较长，对于市场需求量的供应不足，或者营养品质没有达标，养殖企业或收购企业会进口国外优质牧草替代本地牧草，从而影响牧草的价格和销量，影响农户的成本收益。

3. 牧草产量不稳定

牧草产量的不稳定会影响成本收益变化。山东有着优厚的地理条件，但各地区的自然环境不同，种植牧草的产出也会受到影响。如 2018 年聊城阳谷地区遭到旱灾、病虫害，东营部分地区遇到涝灾，2019 年临沂地区先后遭到涝灾和旱灾，莱州地区缺乏水资源，遭到旱灾，滨州有些地区遇到风灾，青贮玉米倒伏情况严重等，这些自然灾害都会影响牧草的产量。不仅仅是自然灾害的影响，土壤的质量也会给牧草的产量带来影响，高质量土壤会增加牧草的产量。在投入和价格不变的情况下，牧草产量的高低也会影响成本收益变化。

（四）小结

2014—2019 年苜蓿平均每亩纯收益比小麦和籽粒玉米之和高 155.09 元/亩，青贮玉米平均每亩纯收益比小麦高 36.24 元/亩，比籽粒玉米高 30.35 元/亩。整体来讲，牧草的经济效益高于粮食作物，但成本收益不稳定。种草的成本投入、价格的波动、产量的不稳定都会影响牧草的效益。在价格和产量稳定的情况下，成本费用投入过高，会降低农户的成本收益；成本费用投入降低时，会增加农户的成本收益。在投入与产出不变的前提下，牧草的供给量和价格呈同方向变化，牧草的需求量和价格呈反方向变化。在投入和价格不变的情况下，牧草产量的高低也会影响成本收益变化。

三、牧草生产效率测算

山东省是草食畜牧业大省，却不是草食畜牧业强省（杨国锋等，2010）。近年来虽然我国牧草生产取得显著成效，但与国内市场需求相比较，依旧存在巨大的缺口。根据当地的具体情况采取农业技术措施，以提高生态效率，实现可持续发展山东农业（Deng et al.，2019）。自 2015 年粮改饲政策实施，开展种养结合试点工作以来，山东省年末保留种草面积和每年新增种草面积呈增长趋势。截至 2017 年山东省年末保留种草面积为 240.4 万亩，当年新增种草面积为 221.3 万亩，比 2016 年当年新增种植面积多了 105.9 万亩（于梅等，2019）。2017 年肉类总产量达到 866.01 万吨，比 2015 年肉类总产量多出 20.51 万吨；2017 年商品草产量比 2015 年商品草产量高出 37.86 万吨，牧草产业的发展为畜牧业发展提供了重要饲草料。本章通过测算在给定投入的情况下，牧草生产中技术利用的有效程度，反映出山东省的生产水平。对牧草生产技术效率、投入要素松弛变量、技术进步等方面进行分析，进一步探讨牧草生产效率变化的原因。

（一）构建模型与数据来源

1. 构建模型

在实际生产中，许多生产单位并没有处于最优规模的生产状态，为解决这一问题，1984 年 Banker、Charnes 和 Cooper 三人在 Management Science 杂志上提出了估计规模效率的 DEA 模型，也被称为 BCC 模型。BCC 模型基于规模收益可变（Variable Return to Scale，VRS），得出的技术效率排除了规模的影响。在径向 DEA 模型中，对与无效 DMU 来说，除了等比例改进的部分之外，还包括松弛改进的部分，但松弛改进的部分在效率值的测量中并没有得到体现，出于这个考虑，Tone（2001）等提出了基于投入、产出松弛变量的效率评价模型（Slack - Based Measure，SBM）。与基于规模收益不变（Constant Returns to Scale，CRS）的模型（Charnes et al.，1978）相比，基于规模报酬可变假设的 SBM 模型可以把综合技术效率分解成规模效率和纯技术效率，从而可进一步分析技术效率变化的原因。技术效率是指在给定投入的情况下获取最大产出的能力，反映的是生产过程中现有技术利用的有效程度，以接近生产前沿面的程度来衡量，因此生产技术效率的高低可以反映出一个地区的生产水平；纯技术效率表示研究单元的资源配置与管理水平；规模效率表征其规模经济的适宜状况，有规模报酬递增与规模报酬递减两种态势。本文选择基于规模收益可变的 SBM 模型对牧草技术效率进行测算，以期更加准确地测算山东省牧草的生产效率。

对于第 t 期第 i 个 DMU，利用 SBM 模型对技术效率的衡量可表示为：

$$\min\rho = \frac{1-\frac{1}{m}\sum_{i=1}^{m} s_i^- / x_{ik}}{1+\frac{1}{s}\sum_{r=1}^{s} s_r^+ / y_{ik}} \tag{3}$$

$$\begin{aligned} \text{s. t. } & X\lambda + s^- = x_k \\ & Y\lambda - s^+ = y_k \\ & \lambda,\ s^-,\ s^+ \geqslant 0 \end{aligned} \tag{4}$$

假设有 k 种投入，$k=1, 2, \cdots, m$，r 种产出，$r=1, 2, \cdots, s$，ρ 表示被评价 DMU 的效率值，同时从投入和产出两个角度来对无效率状况进行测量，$\frac{1}{m}\sum_{i=1}^{m} s_i^- / x_{ik}$ 、$\frac{1}{s}\sum_{r=1}^{s} s_r^+ / y_{ik}$ 分别为投入和产出的无效率项。$X\lambda$ 表示投入量，$Y\lambda$ 表示产出量，s^- 和 s^+ 分别为增加投入和产出的松弛变量。

松弛变量有两种方法，单阶段法和两阶段法。单阶段法获得的松弛变量值可能不完全，从而计算得出的目标值有可能实际上仍然处于若有效状态，因此本文采用两阶段法。

$$\begin{aligned} & \min\theta \\ \text{s. t. } & \sum_{j=1}^{n} \lambda_j x_{ij} \leqslant \theta x_{ik} \\ & \sum_{j=1}^{n} \lambda_j y_{rj} \geqslant y_{rk} \\ & \sum_{j=1}^{n} \lambda_j = 1 \end{aligned} \tag{5}$$

$$\lambda \geqslant 0$$

$$i=1, 2, \cdots, m; r=1, 2, \cdots, q; j=1, 2, \cdots, n$$

$$\min \sum (s^- + s^+)$$

$$\text{s. t.} \sum_{j=1}^{n} \lambda_j x_{ij} + s_i^- = \theta_k^* x_{ik}$$

$$\sum_{j=1}^{n} \lambda_j y_{rj} - s_r^+ = y_{rk} \tag{6}$$

$$\sum_{j=1}^{n} \lambda_j = 1$$

$$\lambda \geqslant 0; s^- \geqslant 0; s^+ \geqslant 0$$

$$i=1, 2, \cdots, m; r=1, 2, \cdots, q; j=1, 2, \cdots, n$$

λ 表示 *DMU* 的线性组合系数，$x = \sum_{j=1}^{n} \lambda_j x_j$、$y = \sum_{j=1}^{n} \lambda_j y_j$ 可以看作是一个虚拟的 *DMU*，其投入不高于 DMU_k，产出不低于 DMU_k 的产出，θ^* 表示在第一阶段取得的 θ 的最优解。

$$SE = \frac{TE}{PTE} \tag{7}$$

SBM 模型求解的效率值均存在 VRS 效率值≥CRS 效率值。在径向模型中，规模效率值＝CRS 效率值/VRS 效率值，即式（7），或者综合技术效率可以分解为纯技术效率和规模效率。

当被评价 *DUM* 的数据为包含多个时间点观测值的面板数据时，就可以对生产率的变动情况、技术效率和技术进步各自对生产率变动所起的作用进行分析，这就是常用的 Malmquist 全要素生产率（Total Factor Productivity，TFP）指数分析。Fare（1994）等人将其与 DEA 理论相结合，弥补了静态 DEA 模型不能对面板数据进行分析的不足，使得 Malmquist 被广泛可以把全要素生产率的变化分解为技术效率变化和生产技术的变化（孙金岭和朱沛宇，2019）。

为解决由于跨期参比而出现 VRS Malmquist 模型无可行解的问题，可以用相邻两个时期的“*DUM*”联合构建共同的前沿，即：

无论被评价“*DUM*”为 $K^t = (x_k^t, y_k^t)$ 还是 $K^{t+1} = (x_k^{t+1}, y_k^{t+1})$，其参考集均为：

$$S=S^t \cup S^{t+1}=\{(x_j^t,\ y_j^t)\} \cup \{(x_j^{t+1},\ y_j^{t+1})\} \tag{8}$$

Malmquist 指数（MI）=技术效率变化（EC）×技术变化（TC）

$$\begin{aligned} MI(x^{t+1},y^{t+1},x^t,y^t) &= \frac{E^{t\cup(t+1)}(x^{t+1},\ y^{t+1})}{E^{t\cup(t+1)}(x^t,\ y^t)} \\ &= \frac{E^{(t+1)}(x^{t+1},\ y^{t+1})}{E^t(x^t,\ y^t)}\left(\frac{E^{t\cup(t+1)}(x^{t+1},\ y^{t+1})}{E^{(t+1)}(x^{t+1},\ y^{t+1})}\frac{E^t(x^t,\ y^t)}{E^{t\cup(t+1)}(x^t,\ y^t)}\right) \\ &= EC\times TC \end{aligned} \tag{9}$$

2. 数据来源

本文数据来源于国家牧草产业技术体系经济研究团队 2014—2019 年山东牧草跟踪调研数据，聊城、滨州、东营、临沂、莱州、即墨等地区，共计有效数据 403 份，苜蓿 84 份、青贮玉米 319 份。基于牧草的亩产量、种子费、肥料费、机械费、人工费和其他费用投入（农药、水电等费用），因模型构建以单位面积投入产出为标准，故要素投入不考虑土地成本，对山东牧草技术效率进行研究。表 9、表 10 为 2014—2019 年牧草投入产出指标说明，选取每亩产量（千克）作为产出指标，选取每亩种子费（元）、肥料费（元）、机械费（元）、人工费（元）及其他费用（元）作为投入指标。

表 9　2014—2019 年山东省苜蓿投入和产出指标

变量名称	平均值	标准差	最小值	最大值	样本量
产量（千克/亩）	828.11	238.12	400.00	1 250.00	84
种子费（元/亩）	86.32	31.18	50.00	180.00	84
肥料费（元/亩）	119.17	56.88	35.00	240.00	84
机械费（元/亩）	201.07	172.36	86.00	400.00	84
人工费（元/亩）	143.20	116.84	55.00	300.00	84
其他费用（元/亩）	93.50	70.52	45.00	320.00	84

注：其他费用包含水电费、农药费等。

表 10　2014—2019 年山东省青贮玉米投入和产出指标

变量名称	平均值	标准差	最小值	最大值	样本量
产量（千克/亩）	3 379.21	950.96	2 000.00	6 700.00	319
种子费（元/亩）	51.10	25.44	33.00	120.00	319

（续）

变量名称	平均值	标准差	最小值	最大值	样本量
肥料费（元/亩）	153.89	68.32	62.00	300.00	319
机械费（元/亩）	137.31	88.01	70.00	450.00	319
人工费（元/亩）	95.49	77.14	20.00	350.00	319
其他费用（元/亩）	82.24	51.76	30.00	280.00	319

（二）牧草生产技术效率及其分解

表11是2014—2019年山东牧草技术效率及分解结果。从整体来看，苜蓿的综合技术效率、纯技术效率和规模效率均高于青贮玉米，分别高出0.123 7、0.127 8和0.009 4。苜蓿综合技术效率范围为0.7～0.9，均值为0.856 5，测算结果与石自忠等（2019b）我国苜蓿生产技术效率测度2011—2017的结果相差不大；青贮玉米综合技术效率范围为0.6～0.9，均值为0.732 8。苜蓿纯技术效率均值为0.961 0，青贮玉米均值为0.833 2。苜蓿规模效率为0.886 3，青贮玉米为0.876 9。相对而言，山东牧草的生产技术效率均处在相对较高的水平上。

表11　2014—2019年山东省牧草技术效率及其分解

年份	苜蓿			青贮玉米		
	综合技术效率	纯技术效率	规模效率	综合技术效率	纯技术效率	规模效率
2014	0.898 5	0.964 7	0.931 3	0.736 1	0.840 3	0.871 1
2015	0.887 5	0.973 9	0.910 4	0.839 1	0.906 8	0.908 6
2016	0.863 4	0.925 8	0.932 6	0.711 2	0.831 7	0.871 7
2017	0.787 8	0.981 8	0.805 5	0.745 2	0.804 4	0.925 5
2018	0.813 2	0.975 8	0.821 8	0.729 3	0.792 4	0.922 1
2019	0.888 5	0.944 1	0.916 4	0.636 1	0.823 5	0.762 1
均值	0.856 5	0.961 0	0.886 3	0.732 8	0.833 2	0.876 9

注：根据MaxDEA软件基于SBM模型计算整理得到。

从时间分布来看，苜蓿综合技术效率2014—2017年处于下降态势，2017年降为近年来最低值0.787 8，2019年又升至0.888 5，2017年苜蓿的生产水平相对较低；纯技术效率变化不大，说明苜蓿种植的资源配置和管理水平相对稳定；2017—2018 年规模效率较低。青贮玉米综合技术效率 2014—2015 处于上升态势，2015 年达到最高值 0.839 1，2016—2018 年处于相对稳定态势，2019 年降为近年来最低值 0.636 1，说明 2019 年青贮玉米的生产水平最低；2018 年纯技术效率最低，说明 2018 年的资源配置和管理水平相对最差；2019 年规模效率最低。

综合而言，青贮玉米的技术利用有效程度要低于苜蓿，但牧草整体的生产技术利用有效程度处于相对较高水平，说明山东牧草整体生产水平相对较高。在苜蓿和青贮玉米的生产过程中，要扎实做好技术培训工作，全面宣传牧草生产效益优势，调整好各种生产要素的投入比例和种植规模，鼓励农户加入龙头企业或合作社，加强资源配置和管理水平。

（三）Malmquist 全要素指数分解

全要素生产率 Malmquist 指数可分解为技术效率变化和技术变化。从技术效率变化来看（表 12），2014—2019 年苜蓿整体波动相对较小，年均上升了 0.31%；青贮玉米整体波动较大，年均下降了 4.21%。苜蓿技术效率变化 2014/2015 年度和 2016/2017 年度分别上升了 3.41%、6.69%，其他年份均为下降；青贮玉米技术效率变化 2014/2015 年度和 2018/2019 年度分别上升了 1.28%、2.61%，其他年份均为下降。

表 12　2014—2019 年 Malmquist 牧草全要素生产率指数

年份	苜蓿			青贮玉米		
	全要素生产率	技术效率	技术变化	全要素生产率	技术效率	技术变化
2014/2015	0.917 0	1.034 1	0.886 7	1.031 3	1.012 8	1.018 3
2015/2016	0.767 8	0.954 0	0.804 9	1.379 4	0.802 1	1.719 8
2016/2017	0.866 3	1.066 9	0.811 9	0.733 8	0.966 1	0.759 6
2017/2018	1.059 5	0.994 5	1.065 4	0.971 2	0.982 4	0.988 5
2018/2019	0.911 9	0.965 9	0.944 1	0.886 6	1.026 1	0.864 0
均值	0.904 5	1.003 1	0.902 6	1.000 5	0.957 9	1.070 0

从技术进步方面来看，2014—2019 年苜蓿年均下降了 9.74%，青贮玉米年均上升了 7.00%。苜蓿技术进步 2017/2018 年度上升了 6.54%，其他年份均为下降；青贮玉米全要素生产率 2014/2015 年度和 2015/2016 年度分别升上了 1.83%和 71.98%，其他年份均为下降，其中 2016/2017

年下降幅度最大为 24.04%。

从全要素生产率来看，2014—2019 年苜蓿年均下降了 9.55%，青贮玉米年均上升了 0.05%。苜蓿全要素生产率 2017/2018 年度上升了 5.95%，其他年份均为下降；青贮玉米全要素生产率 2014/2015 年度和 2015/2016 年度分别升上了 3.13%和 37.94%，其他年份均为下降，其中 2016/2017 年下降幅度最大为 26.62%。

综上所述，全要素生产率反映了牧草生产过程中技术进步对经济发展作用的综合贡献，青贮玉米的技术效率要低于苜蓿，但青贮玉米的技术水平上升较快，且技术进步与全要素生产率呈同方向发展。说明技术进步对全要素生产率的影响较大，在保证技术效率的同时，应该推进技术进步，与石自忠等（2019c）研究结果相一致。

四、牧草生产影响因素分析

（一）模型构建与指标说明

1. 模型构建

牧草的种植情况直接决定山东牧草产业的发展。本文所涉解释变量不符合多元线性回归的基本假设，且被解释变量取值只有（0，1）两种结果，因此选用 Logit 模型检验影响牧草生产情况的关键因素。将影响牧草种植的因素分为家庭特征、技术培训、社会环境、风险与政策等方面，并构建二值响应模型。

$$\text{logit}\ (P)=\ln\left(\frac{P_i}{1-P_i}\right)=\beta_0+\beta_1 X_1+\beta_2 X_2+\cdots+\beta_i X_i \quad (10)$$

式中，P_i 代表决策者种植牧草的概率；$1-P_i$ 代表决策者不愿种植牧草的概率；$\frac{P_i}{1-P_i}$ 代表牧草种植的比例；β_0 为常数项，β_1，β_2，…，β_i 为系数；X_1，X_2，…，X_i 为解释变量。

2. 指标说明

本文研究数据来源于国家牧草产业技术体系经济研究团队实地调研数据，包括聊城、滨州、东营、临沂、莱州、即墨等地区，问卷调研计划

300份，实际调研285份，剔除信息不完整等无效问卷，有效问卷270份，有效率为94.74%。依据调研数据，构建模型对影响牧草生产的因素进行实证分析。

表13为牧草生产影响因素变量含义与描述性统计，主要变量有家庭特征、技术培训、社会环境、风险与政策等因素。从家庭特征方面来看，文化程度以初中居多，农户身体较为健康，种养结合的农户较少。技术培训方面，参加技术培训的人对培训结果比较满意。从社会环境方面来看，农户主要向养殖企业等单位出售牧草，交通比较便利，出售牧草也相对比较容易，但对牧草销售价格满意程度一般。从风险与政策方面来看，种植

表13 牧草生产影响因素变量含义与描述性统计

变量		赋值说明	众数
牧草生产情况	是否种植牧草	0=是；1=否	0
家庭特征	年龄	周岁	55
	受教育程度	1=文盲；2=小；3=初中；4=高中；5=大学及以上；	3
	健康状况	1=健康；2=一般；3=不健康	1
	是否养殖	1=是；2=否	2
技术培训	培训效果	1=完全没效果；2=不太有效果；3=效果一般；4=比较有效；5=非常有效	4
社会环境	主要销售对象	1=养殖合作社；2=牧草贸易企业；3=养殖企业；4=批发商或经纪人；5=其他	3
	价格满意程度	1=非常不满意；2=不太满意；3=一般；4=比较满意；5=非常满意	3
	牧草销售是否困难	1=是；2=否	2
	交通便利程度	1=非常不便；2=不太便利；3=一般；4=交通较好；5=非常便利	4
风险与政策	是否有防范风险损失能力	1=是；2=否	1
	当地是否有牧草生产保险	1=是；2=否	2
	对牧草扶持政策需求程度	1=完全不需要；2=不太需要；3=一般；4=比较需要；5=非常需要	5

资料来源：国家牧草产业技术体系经济研究团队实地调研。

户一般都具有相应的防范风险损失能力，但当地几乎没有牧草生产保险，在遇到自然灾害的情况下，损失率相对较高，当地非常需要牧草扶持政策。

（二）基于调研问卷的描述性统计分析

1. 家庭基本特征及技术培训

从表 14 可知，种植牧草农户年龄 40 岁及以下占种植牧草人数的 10.37%，40 岁以上的占 89.63%，其中 41～60 岁占 72.22%、61 周岁以上占 17.41%，说明牧草种植户的劳动力趋于老龄化状态，年轻的劳动力正在向非农业产业或城市流动。从事牧草种植的以男性居多，占 91.48%，说明山东劳动力以男性为主。文化程度初中及以下占 63.33%，初中以上占 36.67%，说明从事牧草种植的还是以低学历为主。农户的身体都很健康，但也有极少数身体有缺陷的进行着牧草种植。1/3 农户属于种养结合模式，大多农户还是只种不养。接近一半的种植牧草的农户未参加牧草种植技术培训。

表 14　家庭基本特征及技术培训

变量	分类	频数（个）	占比（%）
年龄	21～40 岁	28	10.37
	41～60 岁	195	72.22
	61 岁及以上	46	17.41
性别	男	247	91.48
	女	23	8.52
文化程度	初中及以下	171	63.33
	初中以上	99	36.67
健康状况	健康	246	91.11
	一般	15	5.56
	不健康	9	3.33
是否养殖	养殖	91	33.70
	未养殖	179	66.30
技术培训	参加	139	51.48
	未参加	131	48.52

2. 牧草种植规模及社会环境

山东牧草种植面积规模较小。100 亩以下的种植规模占 55.19%，主要以个人种植为主；100～1 000 亩的种植规模为 32.22%，主要以“合作社＋农户”的形式进行种植；1 000 亩以上的种植规模为 12.59%，主要结合当畜牧业发展，以当地“龙头企业＋农户”形式行进种植，加入龙头企业的人数占 47.78%（表 15）。当地交通比较便利，方便牧草的对外运输，销售相对容易。农户自有机械为数不多，大多数还是以企业或合作社拥有为主，雇用机械比较容易。由此可知，山东当地的龙头企业数量有限，并不能带动全省进行大面积种植。但从农户种植到现阶段的“龙头企业＋农户”“合作社＋农户”“龙头企业＋科研院所＋农户”“龙头企业＋合作社＋农户”等经营模式，为推进牧草产业与畜牧业的衔接发展，打下了坚定基础。

表 15　牧草种植规模及社会环境

变量	分类	频数（个）	占比（%）
种植面积	100 亩以下	91	55.19
	100～1 000 亩	93	32.22
	1 001～2 000 亩	55	2.96
	2 001～3 000 亩	28	1.11
	3 001～4 000 亩	3	2.22
	4 000 亩以上	149	6.30
龙头企业	加入	129	47.78
	未加入	141	52.22
交通便利	便利	192	71.11
	不便利	78	28.89
牧草销售	容易	215	79.63
	困难	55	20.37
雇用机械	容易	158	58.52
	一般	66	24.44
	困难	46	17.04

3. 牧草生产风险与政策

由表 16 可知，农户在种植和销售牧草的过程中会遇到价格过低、自

表 16 牧草生产风险与政策

变量	分类	频数（个）	占比（%）
是否遇到价格过低	是	165	61.11
	否	105	38.89
是否遇到自然灾害	是	159	58.89
	否	111	41.11
是否遇到技术问题	是	77	28.52
	否	193	71.48
是否有牧草生产保险	是	83	30.74
	否	187	69.26
是否享受补贴政策	是	84	31.11
	否	186	68.89

然灾害、种植技术等问题。据统计遇到自然灾害风险的农户超过一半，占58.89%；销售过程中会遇到价格过低风险的农户占61.11%；遇到种植技术问题的农户占28.52%。在牧草种植的过程中自然灾害时常发生，尤其是夏季雨季的到来，部分地区遭遇涝灾严重，还有部分地区遭遇旱灾。由于加入龙头企业或合作社组织的较少，种植过程中遭受的自然灾害、种植技术、价格过低等问题对农户的影响较大，而几乎没有对小农户种植牧草的生产保险，缺少牧草生产保险的保障，并且小农户牧草种植没有补贴政策，农户无法承担自然灾害的侵袭，只能自己承担风险。

（三）牧草生产影响因素分析

通过表17可以看出各种因素的显著性检验。从家庭特征和技术培训

表 17 牧草生产影响因素回归结果

变量	系数	标准误差
年龄	−0.180*	0.078 6
学历	−0.627	0.696 8
健康状况	2.436	1.758 5
养殖较少	2.237	1.589 6
培训效果比较满意	1.008*	0.485 0

（续）

变量	系数	标准误差
销售对象	−1.412*	0.693 1
交易价格一般	−2.749*	1.360 9
牧草销售容易	4.168*	1.988 1
交通便利	2.699*	1.222 8
防范风险损失能力一般	−2.892	1.676 6
没有牧草生产保险	−9.222**	3.491 2
牧草扶持政策	3.855**	1.428 9
常数项	9.584	7.410 6

注：*、**和***分别表示在10%、5%和1%水平下显著性检验。

方面来看，劳动力的老龄化在10%的水平下对牧草产业发展呈显著负相关，说明年轻劳动力的供给是牧草生产强劲的推动力，而劳动力老龄化会减缓牧草产业的推进；培训效果比较满意在10%的水平下对牧草产业发展呈显著正相关，说明培训人员对农户的技术培训产生了一定的作用，将理论知识与实践操作相结合并讲授的通俗易懂，使农户能够很快地吸纳培训内容，达到较好的培训结果。

从社会环境方面来看，销售对象和交易价格在10%的水平下呈显著负相关，说明农户对牧草销售对象和交易价格不太满意，对种植牧草具有抑制作用，因此应该适当调整交易价格，扩大牧草销售范围，增加农户对牧草种植的积极性；牧草销售和交通便利在10%水平呈显著正相关，表明市场收购对牧草种植意愿有积极作用，牧草销售相对比较容易可以解决牧草囤货现象，便利的交通能调高牧草的运输与交易率。

从风险与政策方面来看，牧草生产保险在5%水平呈显著负相关，说明没有牧草生产保险，种植户会缺乏安全感，山东自然灾害比较频繁，牧草生产保险是对种植牧草的一种保障，增加牧草生产保险，可以保证牧草种植者的利益；牧草扶持政策在5%水平呈显著正相关，说明政府或相关部门的扶持政策是一种动力，对牧草种植具有积极的推动作用；防范风险损失能力一般对牧草种植意愿没有显著影响。

（四）小结

通过描述性统计特征可知，山东劳动力趋于老龄化，且文化程度不高，农户身体较为健康，种养结合的农户较少。接近一半的人员参加过牧草种植技术培训，并且对培训结果比较满意。牧草种植面积规模较小，加入龙头企业的农户占47.78%，交通比较便利，雇用机械方便，出售牧草也相对比较容易。种植户防范风险损失能力一般，当地几乎没有牧草生产保险，因此非常需要政府等相关部门对牧草种植的扶持政策。培训效果比较满意、牧草销售比较容易、交通便利、牧草扶持政策对牧草产业发展有显著正相关影响，劳动力老龄化、销售对象、交易价格、没有牧草生产保险对牧草产业发展有显著负相关影响。

五、研究结论与政策建议

（一）研究结论

1. 牧草成本效益高于粮食作物，但投入成本较高，市场价格和牧草产量不稳定

山东牧草经济效益高于粮食作物，但成本收益并不稳定。苜蓿成本收益率波动幅度较大；青贮玉米成本收益率整体呈逐年上升发展趋势。苜蓿成本收益率的波动可能是由其成本投入、交易价格和产量的波动造成的。2014—2019年苜蓿成本投入在850～1 130元/亩，青贮玉米成本投入在690～870元/亩；2014—2019年苜蓿价格波动为0.33元/千克，产量波动为155.84千克/亩；青贮玉米价格波动为0.03元/千克，产量波动为1 040.74千克/亩。随着农业机械设备的不断普及，有效地降低了人工成本，同时缩短了刈割时间。总体来说，牧草的成本收益率增长率高于粮食作物，增加了农户的经济收入。

牧草种植的成本投入、价格的波动、产量的不稳定都会影响牧草的成本收益变化。在价格和产量稳定的情况下，成本费用投入过高，会降低农户的成本收益；成本费用投入降低时，会增加农户的成本收益。在投入与产出不变的前提下，牧草的供给量和价格呈同方向变化，牧草的需求量和价格呈反方向变化。在投入和价格不变的情况下，牧草产量的高低也会影

响成本收益变化。

2. 牧草整体的生产效率相对较高，提升牧草的生产水平，要调整好各种生产要素的投入比例和推进技术进步的发展

从技术效率方面来看，牧草整体的生产技术效率处于相对较高水平。牧草的综合技术效率在0.6～0.9，苜蓿均值为0.856 5，青贮玉米均值为0.732 8。总体来说，苜蓿的综合技术效率、纯技术效率和规模效率均高于青贮玉米，分别高出0.123 7、0.127 8和0.009 4。在苜蓿和青贮玉米的生产过程中，要扎实做好技术培训工作，全面宣传牧草生产效益优势，调整好各种生产要素的投入比例和种植规模，鼓励农户加入龙头企业或合作社，加强资源配置和管理水平。

从各投入指标的冗余分析可以看出，苜蓿2015年人工费和2019年肥料费、人工费、其他费用均达到帕雷托最优状态，青贮玉米2015年机械费达到帕雷托最优状态。从整体来看，苜蓿和青贮玉米除2015年和2019年外，其余每年各项投入指标均出现投入冗余状态。说明提高牧草的生产效率和产量不在于提高投入指标的数值，而应该将各项投入指标保持一种最优状态。

根据全要素生产率Malmquist指数分解为技术效率变化和技术变化。2014—2019年，苜蓿技术效率变化整体呈上升趋势，年均上升了0.31%；青贮玉米整体呈下降趋势，年均下降了4.21%；苜蓿技术进步整体呈下降趋势，年均下降了9.74%；青贮玉米整体呈上升趋势，年均上升了7.00%；苜蓿全要素生产率整体呈下降趋势，年均下降了9.55%；青贮玉米整体呈上升趋势，年均上升了0.05%。由此说明，全要素生产率与技术进步发展趋势吻合度较高，说明技术进步对全要素生产率的影响较大，在保证技术效率的同时，应该推进技术进步。

3. 牧草产业的发展，需要加强年轻劳动力供给、扩大牧草销售范围、调控市场价格和增加牧草生产保险

从描述性统计来看，家庭特征方面，41～60岁的农户占72.22%，文化程度不高以初中居多，农户身体较为健康，种养结合的农户较少，说明劳动力供给已趋于老龄化。技术培训方面，接近一半的人员参加牧草种植技术培训，并且对培训结果比较满意。从种植面积和社会环境方面来看，牧草种植面积规模较小，加入龙头企业的农户占47.78%，交通比较便利，雇用机械方便，出售牧草也相对比较容易。从风险与政策方面来看，种植户防范风险损失能力一般，在遇到自然灾害的情况下，损失率相对较高，但当地几乎没有牧草生产保险，因此非常需要政府等相关部门对牧草种植的扶持政策。

前面对于影响因素分析显示，培训效果比较满意、牧草销售比较容易、交通便利、牧草扶持政策对牧草产业发展有显著正相关影响，劳动力老龄化、销售对象、交易价格、没有牧草生产保险对牧草产业发展有显著负相关影响。可见，吸引年轻劳动力从事牧草生产经营、拓宽牧草销售市场和推动实施牧草生产保险，以及继续扩大技术培训范围和完善牧草扶持政策对发展壮大山东省牧草产业具有显著的促进作用。

（二）政策建议

1. 强化宣传与培训力度，加快机械设备技术研发

应该大力宣传发展牧草产业，做好产业发展规划，减少成本费用的投入，提高利润率，增加农民的经济收入。牧草纯收益存在明显优势，特别是近年来山东畜牧业的快速发展，牧草市场需求巨大。应该提高劳动力水平和鼓励种植户参加龙头企业或合作社。山东省的年轻劳动力大多在外工作，致使农业劳动力从农业向非农产业或城市流动，剩余劳动力接受牧草种植技术培训能力薄弱。技术人员应深入基层，普及农户预防自然灾害、病虫害，收获青贮和贮藏的知识，指导操作实践，降低生产成本，减少生产技术效率损失，最大限度地提高广大群众的种植积极性和增加种植户的收益。强化产学研结合，培育创新研发团队，引进国外先进技术与设备，切实提高我国牧草生产机械自主研发水平，加大技术集成与示范力度。

2. 调整种植结构，合理分配耕地资源，发展牧草产业

从粮改饲政策实施和山东畜牧业发展形势来看。一方面，应该因地制宜地发挥各地优势。丘陵山区，机械收获较难，适合放牧；沿海高效经济区，适合种植高产牧草，可以大面积种植，机械收割；盐碱地区应通过改良土壤质量，筛选适合的牧草品种进行种植。生产效率一般随土地规模的扩大而提高，但达到一个临界点后，反而投入越大效率越下降，因此，要合理规划牧草生产规模，种植面积要适当，使牧草生产投入产出、生产技

术水平和生产规模相适宜。另一方面，积极引导种植户优化传统种植结构，适当减少劣势粮食作物的种植，增加牧草的种植，降低成本费用的投入，尤其是人工、机械、肥料等费用。推行种养结合的产业发展模式，让种植户能够大胆种植，养殖场能够放心收购。实行区域责任制，制定有效的牧草产业发展战略方针，做好牧草产业发展规划，使种植户具有自我改造和自我发展能力。

3. 增加牧草生产保险，完善补贴制度和扶持政策

进一步完善粮改饲政策，将补贴对象从需求侧扩大至供给侧，兼顾牧草生产者及牧草使用者，强化政策扶持力度。目前牧草市场价格不太理想，成本费用投入较多，降低了经济收入，应该通过当地龙头企业或合作社等适当调整牧草交易价格，提升农户经济利润；当地没有牧草生产保险，对牧草产业发展有限制作用，保险公司及相关部门应完善牧草生产保险制度，降低自然灾害带来的风险损失；牧草销售容易、交通便利和牧草扶持政策这三种因素对牧草种植意愿有积极作用，应该继续维持并加强政府部门对牧草产业的扶持政策。目前山东省享受牧草补贴的农户极少，应该全面覆盖，使种植户和收购企业同时享受这一政策，实行区域责任制。同时，应该把牧草生产机械纳入农机购买补贴范围，提高牧草生产机械化水平。创新金融保险支持牧草产业发展方式。依托财政资金力量，撬动金融保险支持现代牧草产业发展，探索短期专项信用贷款、牧草生产保险等多种方式，引导金融资本积极进入牧草产业，以缓解牧草生产者资金缺乏难题。

参考文献

白继瑜．山西省大同市粮改饲工作的规划发展［J］．中国乳业，2018（11）：14－16.

崔蓓琳．“粮改饲”背景下沧州地区不同种植模式成本效益分析［D］．保定：河北农业大学，2019.

杜继丰，袁中友．巨型城市区域粮食生产影响因素的区域特殊性分析——以珠三角为例［J］．农业经济问题，2014，35（5）：14－20，110.

范成方，史建民．粮食生产比较效益不断下降吗——基于粮食与油料、蔬菜、苹果种植成本收益调查数据的比较分析［J］．农业技术经济，2013（2）：31－39.

冯健英，许洛，李中建，等．河北省青贮玉米生产现状及发展方向［J］．河北农业科学，

2019，23（5）：83-84、94.

高海秀，王明利，石自忠，等．中国牧草产业发展的历史演进、现实约束与战略选择［J］．农业经济问题，2019（5）：121-129.

高雅，林慧龙．草业经济在国民经济中的地位、现状及其发展建议［J］．草业学报，2015，24（1）：141-157.

郭婷，薛彪，白娟，等．刍议中国牧草产业发展现状——以苜蓿、燕麦为例［J］．草业科学，2019，36（5）：1466-1473.

胡国军，唐伟，李庆勋．种植农作物与种植饲料作物效益比较［J］．农业开发与装备，2019（12）：138，144.

祜群．赤峰市粮改饲项目出成效［J］．中国畜牧业，2018（7）：72-73.

江帆，赵伟．山东省牧草产业供给侧结构性改革经济效益评价——基于“粮改饲”政策背景［J］．中国草食动物科学，2018，38（1）：60-63.

江帆．“粮改饲”背景下山东牧草种植成本效益分析［D］．泰安：山东农业大学，2018.

姜永，巴雅尔．提高当年清种牧草经济效益的途径选择最佳粮草组合，建立人工草地［J］．内蒙古草业，1992（1）：65.

孔维国，贾春林，王韶楠，等．山东草业的发展现状与对策［J］．华夏星火，2005（9）：4-6.

李改英，高腾云，傅彤，等．影响苜蓿青贮的因素及其青贮技术的研究进展［J］．中国畜牧兽医，2010，37（12）：22-26.

李梦晨．黄骅市苜蓿种植成本收益及影响因素研究［D］．保定：河北农业大学，2019.

李楠，宋建国，刘伟，等．草原施肥对牧草产量和质量的作用及其经济效益分析［J］．黑龙江农业科学，2001（2）：16-18.

李首涵，何秀荣，杨树果．中国粮食生产比较效益低吗？［J］．中国农村经济，2015（5）：36-43，57.

李新，修长柏．农牧民苜蓿种植行为选择意愿影响因素实证研究——基于内蒙古386户微观调查数据［J］．干旱区资源与环境，2015，29（5）：30-35.

刘会芳．苜蓿、小麦和玉米的经济效益分析［D］．兰州：兰州大学，2016.

刘玉凤，王明利，胡向东，等．美国苜蓿产业发展及其对中国的启示［J］．农业展望，2014，10（8）：49-54.

刘玉凤，王明利，石自忠，等．我国苜蓿产业技术效率及科技进步贡献分析［J］．草业科学，2014，31（10）：1990-1997.

卢肇高，方运雄，黎庶凯，等．2017年广西粮改饲试点项目工作成效及存在的问题［J］．贵州畜牧兽医，2018，42（5）：44-45.

吕捷，王雨濛．当前国际粮食经济形势与中国粮食安全［J］．中共中央党校（国家行政学院）学报，2019，23（4）：131-136.
倪印锋，王明利．不同地区和生产规模下青贮玉米生产技术效率分析［J］．中国草地学报，2020，42（1）：68-75.
倪印锋，王明利．中国牧草产业地理集聚特征及影响因素［J］．经济地理，2018，38（6）：142-150.
潘宗瑾，王海洋，刘兴华，等．粮改饲背景下江苏沿海滩涂甜高粱青贮饲用探讨［J］．大麦与谷类科学，2019，36（5）：43-45.
任继周，马志愤，梁天刚，等．构建草地农业智库系统，助力中国农业结构转型［J］．草业学报，2017，26（3）：191-198.
任继周．草地畜牧业是现代畜牧业的必要组分［J］．中国禽业导刊，2004（23）：12-13，1.
任继周．从农业生态系统的理论来看草业的发生与发展［J］．中国草原与牧草，1985（4）：5-7.
任继周．我对“草牧业”一词的初步理解［J］．草业科学，2015，32（5）：710.
石自忠，王明利，刘亚钊．逆全球化背景下我国牧草产业发展的战略选择［J］．中国农业科技导报，2019，21（2）：1-8.
石自忠，王明利，刘亚钊．我国牧草产业国际竞争力分析［J］．草业科学，2018，35（10）：2530-2539.
石自忠，王明利．我国草产品贸易及效率分析［J］．草业科学，2019，36（3）：888-897.
石自忠，王明利．我国苜蓿生产技术效率测度：2011—2017年［J］．中国草地学报，2019，41（3）：100-106.
石自忠，王明利．我国牧草产业全要素生产率［J］．草业科学，2019，36（11）：2971-2979.
孙金岭，朱沛宇．基于SBM-Malmquist-Tobit的“一带一路”重点省份绿色经济效率评价及影响因素分析［J］．科技管理研究，2019，39（12）：230-237.
田孟林．粮改饲工作中存在问题与对策［J］．饲料博览，2018（10）：91.
汪武静，吕官旺，王明利，等．基于SWOT模型的中国南方牧草产业发展战略分析［J］．农业展望，2015，11（10）：45-50，64.
汪武静，王明利．我国西南地区黑麦草种植技术效率及科技进步贡献分析——以四川省为例［J］．中国农业科技导报，2017，19（6）：21-28.
汪武静．我国西南地区农户种草比较效益和意愿研究［D］．北京：中国农业科学院，2016.
王国刚，王明利，王济民，等．中国南方牧草产业发展基础、前景与建议［J］．草业科学，2015，32（12）：2114-2121.
王丽佳．民勤县苜蓿生产效率的DEA-Tobit模型分析［J］．草业科学，2017，34（2）：

407-414.

王明利，王美桃，杨春，等．构建我国“粮＋经＋饲＋草”四元种植结构研究［J］．甘肃农业，2013（5）：3-5.

王明利．有效破解粮食安全问题的新思路：着力发展牧草产业［J］．中国农村经济，2015（12）：63-74.

王文信，蔡世攀，王刚．黄淮海地区农户苜蓿种植行为影响因素分析［J］．农业工程学报，2015，31（S1）：284-290.

王文信，姚海，蔡世攀，等．黄淮海地区农户参与订单种植苜蓿意愿的影响因素分析［J］．生产力研究，2014（8）：108-112.

王文信，张志虹，孙乾晋．农户苜蓿种植的规模效率分析——基于河北省黄骅市的实证分析［J］．中国农业大学学报（社会科学版），2016，33（3）：42-49.

王雅鹏，文清．供给侧改革中的湖北粮食发展思考［J］．农业现代化研究，2017，38（1）：1-7.

王怡然，孙芳，丁玎．京津冀区域冀北地区“粮改饲”结构调整效益分析［J］．中国农业资源与区划，2019，40（11）：158-165.

魏志标，柏兆海，马林，等．中国苜蓿、黑麦草和燕麦草产量差及影响因素［J］．中国农业科学，2018，51（3）：507-522.

旭日干，任继周，南志标，等．保障我国草地生态与食物安全的战略和政策［J］．中国工程科学，2016，18（1）：8-16.

杨春，王明利，刘亚钊．中国的苜蓿草贸易——历史变迁、未来趋势与对策建议［J］．草业科学，2011，28（9）：1711-1717.

杨春，王明利．我国的苜蓿生产与奶业发展——草畜结合是推进发展的关键［J］．中国畜牧杂志，2011，47（16）：14-17，21.

杨国锋，孙娟，孔繁臻．山东草地畜牧业发展现状的调研与分析［J］．山东畜牧兽医，2010，31（3）：64-66.

杨生龙，杨焓，杜雪燕．青海“粮改饲”工作探索［J］．四川畜牧兽医，2018，45（10）：16-17.

杨永莲，李天平，杨国荣．云南永平县粮改饲计划实施现状及发展建议［J］．养殖与饲料，2018（5）：112-114.

于梅，王明利，李长忠．“粮改饲”政策实施成效、问题及建议——以山东省为例［J］．中国乳业，2019（4）：63-67.

余昌培，秦家秀．盘州市实施粮改饲工程的成效及建议［J］．贵州畜牧兽医，2019，43（5）：24-25.

张英俊，任继周，王明利，等．论牧草产业在我国农业产业结构中的地位和发展布局［J］．

中国农业科技导报，2013，15（4）：61－71.
张英俊，张玉娟，潘利，等．我国草食家畜饲草料需求与供给现状分析［J］. 中国畜牧杂志，2014，50（10）：12－16.
张颖，方言．粮食生产现状分析及对策建议——以江苏省为例［J］. 宏观经济管理，2012（2）：58－60.
郑瑞强，刘小春，杨丽萍．“粮改饲”政策效应分析与关键问题研究观点［J］. 饲料工业，2016，37（3）：62－64.
朱新强，王晓力，王春梅，等．甘肃省苜蓿种植现状及成本收益分析［J］. 中国草食动物科学，2014，34（6）：63－67.
朱雪辉，黄喜良．水肥耦合灌溉模式比较效益分析［J］. 水资源开发与管理，2019（6）：45－49.
Asgharipour M R，Mousavinik S M，Enayat F F. Evaluation of energy input and greenhouse gases emissions from alfalfa production in the Sistan region，Iran［J］. Energy Reports，2016（2）：135－140.
Bacenetti J，Lovarelli D，Tedesco D，et al. Environmental impact assessment of alfalfa hay production［J］. Science of The Total Environment，2018（635）：551－558.
Banker R D，Charnes A，Cooper W W. Some models for estimating technical and scale inefficiencies in data envelopment analysis［J］. Management Science，1984，30（9）：1078－1092.
Bazen E，Roberts R K，Travis J，et al. Factors affecting hay supply and demand in Tennessee［R］. Selected Paper Prepared or Presentation at the Southern Agricultural Economics Association Annual Meeting，Dallas，Texas，February 2－5，2008.
Bell J F，Offer N W，Roberts D J. The effect on dairy cow performance of adding molasses sugar beet feed to immature forage maize at ensiling or prior to feeding［J］. Animal Feed Science and Technology，2006，137（1）：84－92.
Charnes A，Cooper W W，Rhodes E. Measuring the efficiency of decision making units［J］. European Journal of Operational Research，1978，2（6）：429－444.
Chebil A，Nasr H，Zaibet L. Factors affecting farmers willingness to adopt salt－tolerant forage crops in South－eastern Tunisia［J］. African Journal of Agricultural & Resource Economics，2009，3（1）：19－27.
Cllapham W M，Fedders J M，Abaye A O，et al. Forage pasture production，risk analysis，and the buffering capacity of triticale［J］. Agronomy Journal，2008，100（1）：128－135.
Deng X，Gibson J，Change F S，et al. Improving eco－efficiency for the sustainable agricultural production：A case study in Shandong，China［J］. Technological Forecasting and Social Change. 2019，144（6）：394－400.

Fare R, Grosskopf S, Norris M, et al. Productivity growth, technical progress, and efficiency change in industrialized countries [J]. American Economic Review, 1994, 84 (1): 66 - 83.

Fathollahi H, Mousavi - Avval S H, Akram A, et al. Comparative energy, economic and environmental analyses of forage production systems for dairy farming [J]. Journal of Cleaner Production, 2018, 182 (MAY 1): 852 - 862.

Khakbazan M, Moulin A M, Coulthard L, et al. Alfalfa as a diversification option for grain farms in Western Canada [J]. Journal of International Farm Management, 2009, 4 (4): 40 - 49.

Lacy R C, Pruitt J R, Hancock D W. Economic returns and risk analysis of forage wrapping technologies [R]. Selected Paper Prepared for Presentation at the Southern Agricultural Economics Association (SAEA) Annual Meeting, Dallas, Texas, February 2014.

Mobtaker H G, Akram A, Keyhani A, et al. Optimization of energy required for alfalfa production using data envelopment analysis approach [J]. Energy for Sustainable Development, 2012, 16 (2): 242 - 248.

Riggs W W. Risk Management at the farm level [R]. Proceedings, 2006 Western Alfalfa & Forage Conference, December 11 - 13, 2006.

Shane R L, Myer G L. Profitability of Alfalfa hay storage using probabilities: an extension approach [J]. Western Journal of Agricultural Economics, 1980, 5 (2): 123 - 127.

Smit B, Wandel J. Adaptation, adaptive capacity and vulnerability [J]. Global Environmental Change, 2006, 16 (3): 282 - 292.

Tone K. A slacks - based measure of efficiency in data envelopment analysis [J]. European Journal of Operational Research, 2001 (130): 498 - 509.

草产品贸易专题

2018 年国际牧草产品市场供求状态分析

刘亚钊　王明利

随着居民消费升级，草食畜产品在居民消费结构中的比重不断提升，全球掀起了牧草产品需求高潮，尤其是亚洲的中国、沙特及阿联酋等国家近年来牧草产品进口量急剧增加。根据 UN comtrade 数据库统计，2018 年牧草产品贸易量已经超过 1 000 万吨。从全球供应来看，美国、西班牙、澳大利亚、加拿大、意大利及法国等是当前国际市场上的主要供应国，面对全球旺盛的需求，各国也加大了出口的力度，尤其是西班牙，近年来出口急剧增加。面对需求和供给都日益高涨的背景下，当前国际草产品市场究竟是什么状态，主要出口国和进口国贸易格局将如何改变，本文就此做简要的探讨。

一、全球牧草供给短缺，贸易量同比减少 2%

2010 年以来，国际市场上的草产品贸易量①整体呈上升趋势。2010 年世界草产品贸易量为 725.46 万吨，2017 年增长至 1 038.76 万吨，创历史最高，7 年贸易量增加了 40%，2018 年贸易量出现小幅下滑，贸易量为 1 015.73万吨，同比减少了 2%。2018 年度贸易量减少主要源于主要进口国牧草产品减产。2018 年西班牙在 5—7 月收获季节持续下雨，美国华盛顿、俄勒冈州和加拿大，遭遇了比较多的雨水和山火，直接影响了牧草质

① 从世界范围来看，一国的出口就是另一国的进口，将世界各国的进口与出口加在一起无疑是重复计算，因此，在统计世界的总贸易量时，采用的办法是仅汇总世界各国的进口或出口即可，本文以出口为准，以剔除到岸价格中包含的运输、保险等费用。

量。美国苜蓿减产直接导致 2018 年全球牧草供应紧张，粗饲料供给短缺（图 1）。

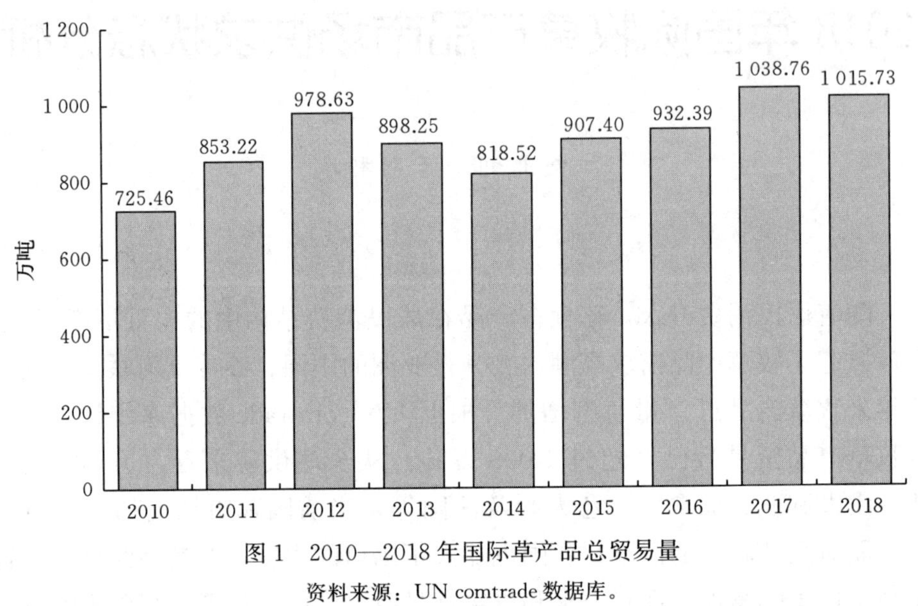

图 1　2010—2018 年国际草产品总贸易量

资料来源：UN comtrade 数据库。

二、苜蓿干草是主要贸易产品，继续维持 70%以上的占比

国际市场上交易的草产品主要包括紫苜蓿粗粉及团粒、燕麦草及其他干草，其他干草包括其他紫苜蓿（粗粉及团粒外）及芜菁甘蓝、饲料甜菜、燕麦草及其他植物（包括饲料用根、干草、三叶草、驴喜豆），其中以苜蓿干草为主。第一，紫苜蓿粗粉及团粒的贸易量增长趋势不显著，在总贸易量中的比重逐年下降。2010 年贸易量为 135 万吨，约占总贸易量的 19%，2018 年贸易量为 130 万吨，约占总贸易量的 13%。第二，燕麦草的贸易量波动较显著，在总贸易量中的比重不稳定。燕麦草主要来自澳大利亚，一方面，受气候条件影响，每年的供给量不能保证；另一方面由于澳大利亚燕麦草经常倒茬轮作，所以每年的种植规模也不稳定。从近 10 年来看，燕麦草年度最大贸易量是 2012 年的 206 万吨，最小贸易量是 2014 年的 93 万吨，平均贸易量维持在 120 万吨左右。第三，苜蓿干草是国际草产品市场上的主打产品，其贸易量呈显著增加的态势。其他干草产

品中主要是苜蓿干草，其贸易量从 2010 年的 473 万吨增加到 2018 年 727 万吨，在总贸易量中的比重一直维持在 70%以上（图 2、图 3）。

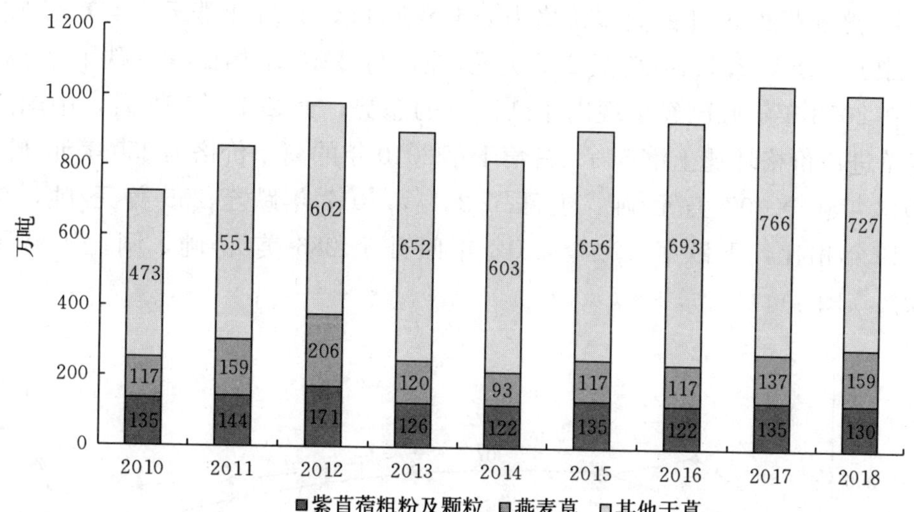

图 2　2010—2018 年国际主要草产品贸易量

资料来源：UN comtrade 数据库。

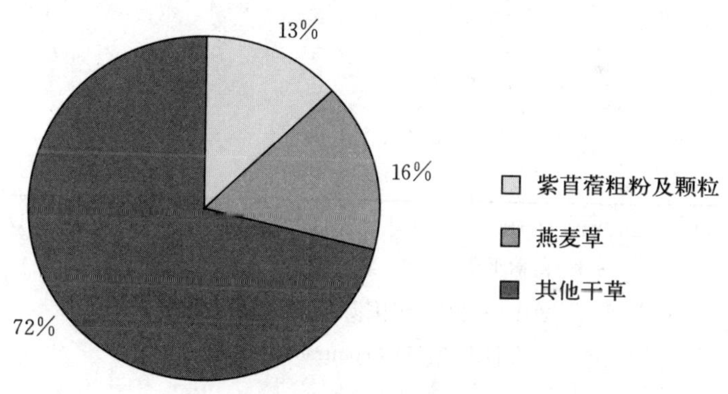

图 3　2010—2018 年国际主要草产品贸易量占比

资料来源：UN comtrade 数据库。

三、国际牧草贸易价格止跌回升，平均贸易价格同比上涨 8%

2010 年以来，国际市场上草产品的价格整体呈先升后降的趋势。2010 年紫苜蓿粗粉及团粒的平均离岸价格为 250 美元/吨，2013 年上涨至

281 美元/吨，上涨了 12%，但在 2017 年跌至 245 美元/吨，与 2013 年相比，下跌了 12%，2018 年呈回升态势，回升至 2 605 美元/吨，同比上涨了 6%。燕麦草 2010 年的离岸价格为 264 美元/吨，2013 年涨至 334 美元/吨，上涨了 26%，2018 年跌至 257 美元/吨，与 2013 年相比，下跌了 23%，但在 2018 年年底已经呈现出止跌回升的态势，如 2018 年 12 月，中国燕麦草进口价格环比上涨 5%。苜蓿干草 2010 年的离岸价格为 250 美元/吨，2013 年涨至 307 美元/吨，上涨了 23%，2017 年跌至 255 美元/吨，与 2013 年相比，下跌了 17%，2018 年回升至 286 美元/吨，同比上涨了 12%（图 4）。

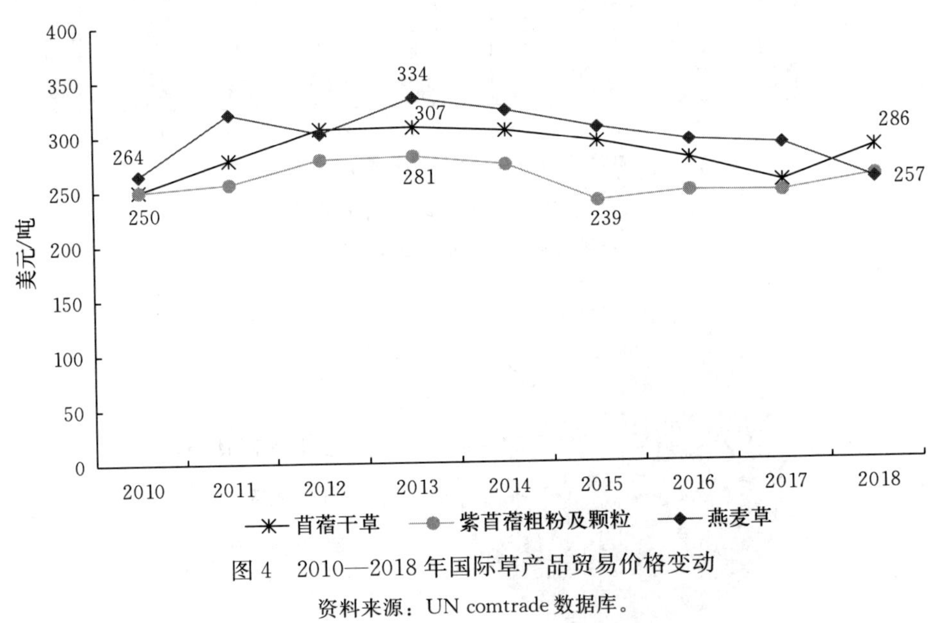

图 4　2010—2018 年国际草产品贸易价格变动

资料来源：UN comtrade 数据库。

四、国际草产品市场供给格局

从全球供应来看，美国、西班牙、澳大利亚、加拿大、意大利及法国等是当前国际市场上的主要供应国，面对全球旺盛的需求，各国也加大了出口的力度，尤其是西班牙，近年来出口急剧增加，但受土地资源制约和自然气候的影响，牧草供给年度间还是存在着很大的波动。从供应的草产品来看，苜蓿干草的最大供给国是美国，燕麦草的最大供给国是澳大利亚，苜蓿粗粉及颗粒的最大供给国是西班牙。2018年受天气影响，美国苜蓿供应处于短缺状态，特别是优级和特优级牧草供应极度短缺。

从苜蓿干草出口格局来看，2018年主要出口国的供给情况见图5。

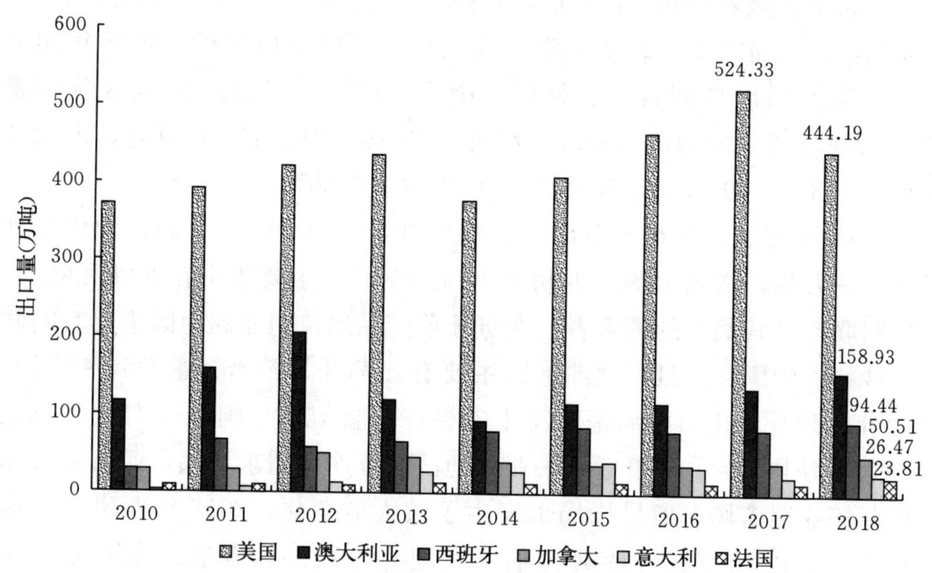

图5　2010—2018年干草产品主要出口国变动情况

资料来源：UN comtrade数据库。

2018年美国苜蓿干草出口大幅减少，出口444.19万吨，同比减少了80.15万吨，减幅15%。美国苜蓿主要流向亚洲地区。美国95%以上的苜蓿出口到亚洲地区，其中日本是其最大的需求者，早期美国的苜蓿产品几乎全部流向了日本。1989年美国出口草产品86万吨，其中出口到日本高达82万吨，96%的产品流向了日本，2000年，这一比例仍高达80%左右。近年来随着韩国、中国、沙特阿拉伯、阿联酋及亚洲其他地区对草产品需求的增加，美国草产品市场逐步走向多元化，但日本仍是其最大的进口国。2018年美国苜蓿干草出口到日本、中国、韩国、阿联酋、沙特阿拉伯分别为148.69万吨、102.12万吨、83.81万吨、48.12万吨、29.21万吨、18.04万吨，占比分别为33.48%、22.99%、18.87%、10.83%、6.58%、4.06%。

2018年澳大利亚燕麦草出口大幅增加，出口158.93万吨，同比增加了 21.52 万吨，增幅 16%。澳大利亚出口的干草产品以燕麦草为主，澳大利亚的草产品出口地相对分散，亚洲是主要出口地，日本是其最大的需求者。2000 年澳大利亚出口的草产品 54%出口到日本、11%出口到韩国、10%出口到西班牙、6%出口到荷兰，出口到中国仅 249 吨。2010 年以来中国开始增加燕麦草的进口，进口规模快速增加，目前已经是澳大利亚草产品的第二大需求者，改变了澳大利亚草产品的出口格局。2018 年澳大利亚干草产品出口到日本、韩国、中国、荷兰、亚洲其他地区分别是 57.74 万吨、31.20 万吨、29.50 万吨、13.33 万吨、10.90 万吨，占比分别是 36.33%、19.63%、18.56%、8.39%、6.86%。

2018 年西班牙苜蓿干草出口大幅增加，出口 94.44 万吨，同比增加了 10.95 万吨，增幅 13%。西班牙出口的草产品主要集中在亚洲和欧洲，其中阿联酋是其最大的需求者。西班牙草产品出口地亚洲地区主要有阿联酋、沙特、中国、约旦，欧洲地区主要有葡萄牙、希腊、意大利和法国。2000 年西班牙的出口格局是葡萄牙 34%、希腊 15%、阿联酋 13%、意大利 12%、法国 9%。随着近年来亚洲地区对草产品需求增加，西班牙开始积极开拓亚洲市场，贸易格局也发生了较大的变化，2018 年西班牙苜蓿干草出口到阿联酋、沙特阿拉伯、中国、约旦、卡塔尔、法国分别是 53.32 万吨、20.08 万吨、3.87 万吨、2.30 万吨、1.89 万吨，占比分别为 56.46%、21.27%、4.10%、2.44%、2.01%。

2018 年加拿大苜蓿干草出口大幅增加，出口 50.51 万吨，同比增加了 9.57 万吨，增幅 23%。加拿大草产品的主要贸易伙伴是日本、美国、韩国及中国等地。1988 年加拿大牧草产品出口 39 万吨，出口格局为日本 54%、美国 21%、法国 15%、韩国 1%。随着亚洲地区草产品进口的增加，2000 年加拿大出口量高达 131 万吨，出口格局为日本 65%、韩国 14%、美国 10%、亚洲其他地区 10%。近年来，随着日本国内奶牛产业的衰退，草产品进口量急剧下降，大幅度减少了加拿大草产品的进口，2018 年加拿大苜蓿干草出口到日本、美国、中国、韩国、阿联酋分别是 18.47 万吨、14.23 万吨、3.91 万吨、2.91 万吨、1.26 万吨，占比分别是 36.57%、28.18%、7.73%、5.76%、2.49%。

2018 年意大利及法国苜蓿干草出口大幅增加，意大利出口 26.47 万吨，同比增加了 11.96 万吨，增幅 52%，法国出口 23.81 万吨，同比增加了 8.87 万吨，增幅 59%。意大利和法国是欧盟重要的苜蓿大国。随着国际市场上对草产品需求的增加，意大利积极开拓国际市场，草产品出口规模不断增加。2015 年苜蓿干草出口量高达 41.24 万吨，随后出现下滑，2018 年又呈回升态势。意大利出口最早以希腊、摩洛哥、突尼斯、沙特阿拉伯及塞浦路斯等周边地区为主，逐渐向亚洲集中，尤其是阿联酋，2018 年出口到阿联酋、瑞士、爱尔兰、奥地利的苜蓿干草分别为 19.98 万吨、3.67 万吨、2.00 万吨、1.86 万吨，占比分别是 57.04%、10.49%、5.71%、5.30%。

法国生产苜蓿干草数量仅次于西班牙，出口的潜力非常大，1988 年法国草产品出口量曾高达 67 万吨，出口格局以欧盟内部为主，随着法国畜牧业的发展，草产品出口规模逐年减少，2018 年法国苜蓿干草出口到瑞士、德国、比利时、荷兰分别是 10.86 万吨、5.11 万吨、2.69 万吨、2.09 万吨，占比分别为 45.60%、21.44%、11.31%、8.77%。

从苜蓿粗粉及颗粒出口格局来看，2018 年主要出口国的供给情况如下（图 6）：

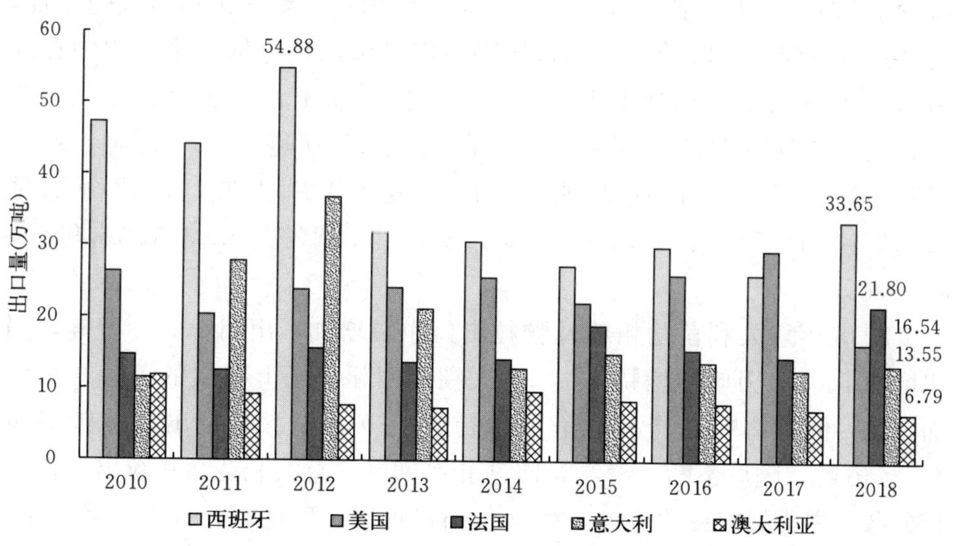

图 6　2010—2018 年苜蓿粗粉及颗粒主要出口国变动情况

资料来源：UN comtrade 数据库。

2018 年西班牙苜蓿粗粉及颗粒出口大幅增加，出口 33.65 万吨，同比增加了 7.54 万吨，增幅 29%。随着近年来苜蓿干草出口量的增加，苜蓿颗粒出口量急剧下降，但在 2018 年呈回升态势。西班牙苜蓿粗粉及颗粒出口市场较分散，但依然集中在亚洲和欧洲。2018 年西班牙苜蓿干草出口到法国、意大利、中国、阿联酋、黎巴嫩、葡萄牙分别是 4.55 万吨、4.07 万吨、3.32 万吨、3.27 万吨、3.18 万吨、2.29 万吨，占比分别为 13.53%、12.10%、9.87%、9.72%、9.45%、6.80%。

2018 年美国苜蓿粗粉及颗粒出口大幅减少，出口 16.54 万吨，同比减少了 12.97 万吨，减幅 44%。美国是世界苜蓿最大生产国，但大部分都是以苜蓿干草的方式出口，苜蓿粗粉及颗粒出口量非常低，仅占总出口量的 4%左右，受 2018 年苜蓿减产的影响，苜蓿粗粉及颗粒出口量大幅减少。美国苜蓿粗粉及颗粒的出口市场也是以亚洲为主，2018 年美国苜蓿粗粉及颗粒出口到日本、中国、韩国、加拿大及亚洲其他国家分别为 11.45 万吨、2.05 万吨、1.58 万吨、0.65 万吨、0.34 万吨，占比分别为 69.20%、12.37%、9.56%、3.96%、2.06%。

2018 年法国苜蓿粗粉及颗粒出口大幅增加，出口 21.80 万吨，同比减少了 7.15 万吨，增幅 45%。近年来，法国苜蓿颗粒出口量快速增加，尤其是近两年增长较快。法国苜蓿颗粒出口市场较分散，主要集中在欧盟内。2018 年出口到比利时、荷兰、德国、瑞士、爱尔兰、丹麦、挪威、英国的苜蓿颗粒分别为 4.99 万吨、3.21 万吨、3.13 万吨、2.67 万吨、1.50 万吨、1.31 万吨、1.30 万吨、1.21 万吨，占比分别是 22.90%、14.71%、14.36%、12.23%、6.88%、6.03%、5.95%、5.55%。

2018 年意大利苜蓿粗粉及颗粒出口小幅增加，出口 13.55 万吨，同比增加了 0.70 万吨，增幅 5%。意大利在国际市场上提供的苜蓿干草增加较快，但苜蓿颗粒产品却呈下降趋势，2012 年意大利出口量曾高达 36.84 万吨，随后不断下滑，2018 年止跌回升。意大利苜蓿颗粒出口市场较分散，主要集中在欧盟内，2018 年出口英国、奥地利、日本、爱尔兰、法国分别为 3.21 万吨、1.45 万吨、1.27 万吨、1.14 万吨、1.02 万吨，占比分别是 23.70%、10.70%、9.40%、8.44%、7.52%。

五、国际草产品进口需求分布

（一）日本是草产品第一大进口国，近两年呈回升态势

日本是国际市场上最早大规模进口草产品的国家。日本早在 20 世纪 80 年代就开始大规模进口草产品，随着日本老龄化日趋严峻，日本畜牧业尤其是奶业生产规模不断缩减，草产品进口量也随之减少，但近两年又呈现出回升态势。受日本国内奶业不景气的影响，2016 年进口量仅为 206.97 万吨（96%为苜蓿干草，4%为苜蓿粗粉及颗粒）。2018 年进一步回升至 222.59 万吨（96%为苜蓿干草，4%为苜蓿粗粉及颗粒）。日本进口草产品主要来自美国、澳大利亚和加拿大。近年来，随着进口量减少，日本大大削减了价格较高的加拿大市场，并提高了在澳大利亚的市场份额。2018 年日本苜蓿干草进口来源分别是美国 149.13 万吨、澳大利亚 45.35 万吨、加拿大 15.19 万吨，占比分别是 69.76%、21.21%、7.10%。2018 年日本苜蓿颗粒进口来源分别是加拿大 4.07 万吨、美国 1.82 万吨、意大利 1.32 万吨、法国 1.09 万吨、西班牙 0.40 万吨，占比分别为 46.04%、20.56%、14.94%、12.38%、4.57%（图 7、图 8）。

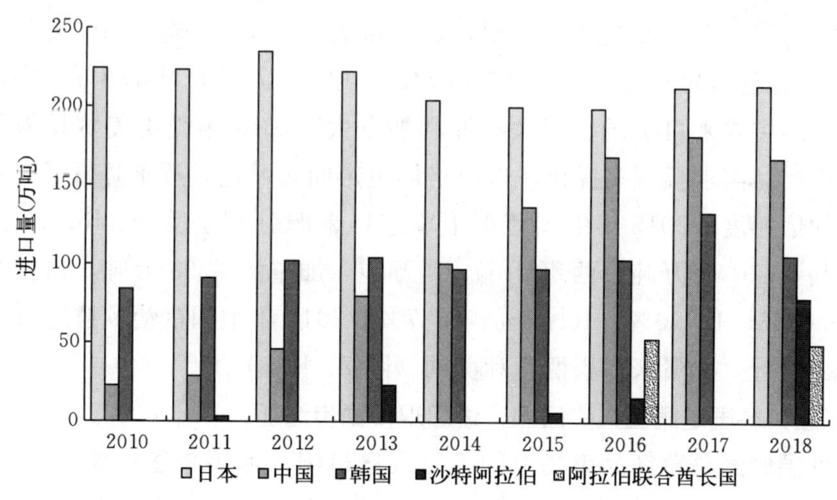

图 7　2010—2018 年干草产品主要进口国贸易情况

资料来源：UN comtrade 数据库。

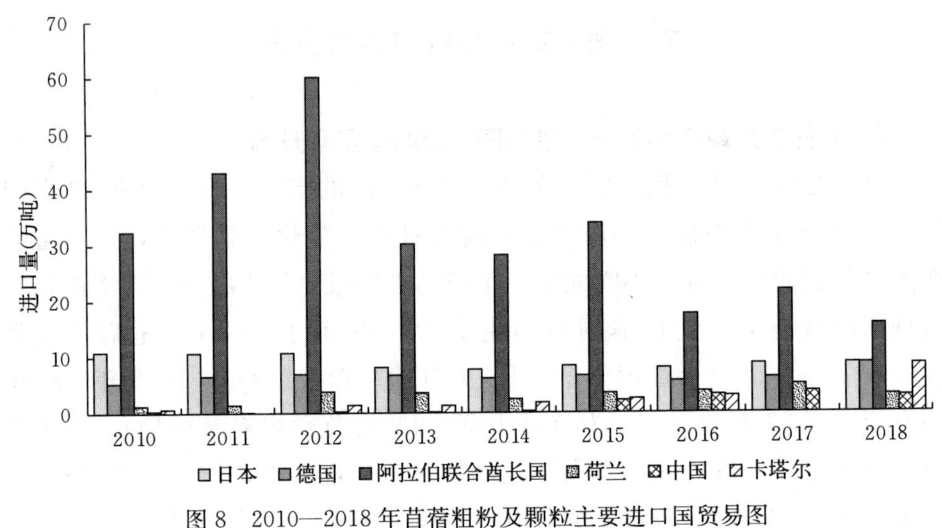

图 8　2010—2018 年苜蓿粗粉及颗粒主要进口国贸易图

资料来源：UN comtrade 数据库。

(二) 中国是第二大进口国，近年来高速增长趋势放缓

2008 年以来中国开始大规模进口草产品，进口量快速增加，2017 年进口草产品 185.62 万吨（98%为苜蓿干草，2%为苜蓿粗粉及颗粒），创历史最高水平，但与前几年相比，近两年增速显著放缓。受中美贸易战影响，2018 年进口量出现大幅下滑，进口量为 170.71 万吨（98%为苜蓿干草，2%为苜蓿粗粉及颗粒），同比减少了 14.91 万吨，减幅 8%。中国进口草产品主要来自美国、澳大利亚和加拿大。2018 年受中美贸易战的影响，草产品需求日益多样化，进口格局也走向多元化，逐渐降低了对美国市场的依赖度。2018 年中国苜蓿干草进口来源分别是美国 115.89 万吨、澳大利亚 29.36 万吨、西班牙 17.19 万吨、加拿大 3.98 万吨，占比分别是 69.08%、17.50%、10.25%、2.37%。2018 年中国苜蓿颗粒进口 99%来自西班牙，少量来自墨西哥和美国（图 7、图 8）。

(三) 韩国是第三大进口国，进口规模稳步增加

韩国曾经是草产品市场上的第二大进口国，近年来逐步被中国赶超。韩国草产品进口规模相对稳定，产品主要来自美国、澳大利亚和加拿大。2018 年受美国苜蓿减产的影响，草产品进口量大幅下滑，进口量为

108.09 万吨（98%为苜蓿干草，2%为苜蓿粗粉及颗粒），同比减少了 27.32 万吨，减幅 20%。韩国进口草产品主要来自美国、澳大利亚和加拿大。2018 年韩国苜蓿干草进口来源分别是美国 81.84 万吨、澳大利亚 20.43 万吨、西班牙 2.72 万吨，占比分别是 77.40%、19.32%、2.57%。韩国苜蓿颗粒进口主要来自西班牙、意大利及美国，2018 年苜蓿颗粒进口来源分别是西班牙 1.35 万吨、意大利 0.62 万吨、美国 0.30 万吨，占比分别是 57.19%、26.06%、12.54%（图 7、图 8）。

（四）沙特、阿联酋及卡特尔等中东地区近年来进口增长显著

为了保护地下水储量，21 世纪初中东一些国家不允许种植苜蓿及其他耗水饲草，政府鼓励进口草产品，导致近年来中东地区草产品进口量急剧增加。2010 年沙特进口牧草产品 9 万吨（4%为苜蓿干草，96%为苜蓿粗粉及颗粒），近年来进口规模不断增加，2018 年草产品进口量 86.90 万吨（91%为苜蓿干草，9%为苜蓿粗粉及颗粒）。沙特进口的苜蓿干草主要来自美国、南非和西班牙。2018 年沙特苜蓿干草进口来源分别是美国 71.47 万吨、南非 4.22 万吨、西班牙 1.44 万吨，占比分别是 90.51%、5.34%、1.82%。沙特苜蓿颗粒进口主要来自阿根廷、美国、埃及及西班牙，2018 年苜蓿颗粒进口来源分别是阿根廷 6.09 万吨、美国 0.73 万吨、埃及 0.51 万吨、西班牙 0.52 万吨，占比分别是 76.85%、9.27%、6.38%、6.53%（图 7、图 8）。

六、结　　论

随着国际草产品市场需求的转变，出口市场的贸易格局也发生了一定的变化。一部分国家因满足国内旺盛的需求而减少出口甚至不出口，如中国曾经是草产品主要出口国之一，现在演变为第二大进口国。还有一部分国家受草产品价格不断攀升的刺激，大大增强出口能力，如西班牙，近年来异军突起，出口量快速增加，有赶超澳大利亚成为第二大出口国之势。此外，丹麦、意大利、荷兰等国家的出口量也在不断地增加。但是，美国在国际草产品出口市场上的主导地位却难以撼动。在国际市场上，美国草产品的质量、价格及供给能力都是其他国家难以超越的，尤其是供给能

力，目前只有美国能称得上是最稳定的供给者。

随着全球经济的发展，各国居民对畜产品的质量和数量的要求就越高，对草产品的需求也就越旺盛。近年来不断有国家快速地增加草产品进口量，如中国、沙特、阿联酋及卡塔尔等国家，随着经济发展水平的提高，还会有更多的需求者。但从供给角度来看，供给能力受土地、水资源及气候等条件的约束，增长是有限的，尤其是很多国家出于保护水资源的角度，并不鼓励种植饲草作物，这大大地减少了世界草产品的供给能力。有限的供给和不断增长的需求可能会导致国际市场上优质饲草短缺，饲草价格将有上涨的压力。当然，短期内还是有通过进一步挖掘牧草出口国的生产潜力来解决供给短缺问题的可能。如，加拿大年度最高出口量可达130万吨，但目前出口量仅40万吨，提升的空间较大；阿根廷为世界第二大苜蓿生产国，其年度出口量仅0.7万吨；澳大利亚的年度最高供给能力为250万吨，而目前的出口量仅是过去的一半。此外，欧洲的西班牙、意大利、法国、罗马尼亚、保加利亚、匈牙利、南联盟等国，苜蓿生产加工具有较高的产业化生产水平，都是可以进一步开拓利用的市场。

中国草产品贸易格局及发展趋势

刘亚钊　王明利

2008年"三聚氰胺"事件以来，牧草在畜牧养殖中的重要性日益显现，在国家层面也不断提高对牧草产业的支持和重视。2012年中央开始推行"振兴奶业苜蓿发展行动"，2015年以来多个中央1号文件进一步把发展牧草产业提到了一个新的高度，牧草产业因此得到了快速的发展，草产品产量大幅度提高。但是，由于我国牧草产业起步较晚，因此在质量和数量上均难以满足国内牧场的需求，很多奶牛场在干草消费上纷纷转向国际市场，以致2008年以来我国草产品进口出现井喷式增长。经过了近10年的高速增加，2017年进口速度开始放缓，2018年受中美贸易战的影响一度出现负增长，但随着2019年后半年美国苜蓿进口关税暂免措施的实施，进口量又出现了反弹。可以说我国草产品进口波动比较大，针对近年来的波动，本文将通过梳理2010年以来的贸易格局，对增速放缓以及中美贸易战期间我国如何寻找替代品等问题进行深入分析，并在此基础上进行预判。

一、中国草产品进口商品构成现状

（一）苜蓿干草进口增速显著放缓，进口量维持在140万吨以内

2008年"三聚氰胺"事件之后，我国开启了大量进口苜蓿干草之旅，2009年扭转了贸易顺差的格局，2010年正式进入大规模进口的新阶段。2010年我国苜蓿干草进口量达21.82万吨，直到2016年，苜蓿干草进口量可称得上是井喷式增加，2016年苜蓿干草进口量增加到138.79万吨，6年里年均增长率为36%。2017年首次出现超低速增长，2017年进口量

为 139.91 万吨，同比增加了 0.8%。受中美贸易战的影响，2018 年我国苜蓿干草进口首次出现负增长，2018 年进口量为 138.35 万吨，同比减少了 1%。2019 年进口量进一步减少至 135.61 万吨，同比减少了 2%，占我国牧草产品进口总量的 83%（图 1）。

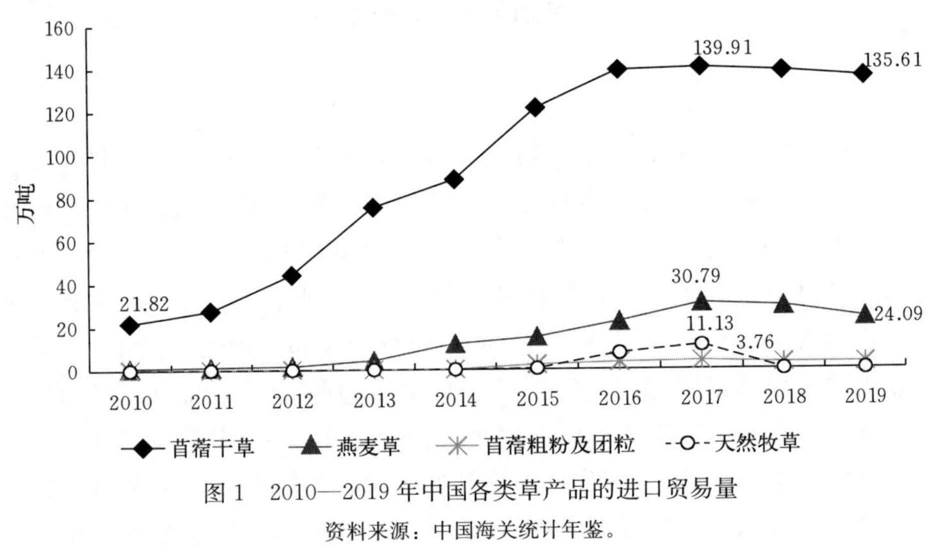

图 1　2010—2019 年中国各类草产品的进口贸易量

资料来源：中国海关统计年鉴。

（二）燕麦草进口趋近饱和，进口量维持在 31 万吨以内

燕麦草与苜蓿的配合饲喂，对于提高粗饲料的利用效率、维持乳蛋白率、抑制奶牛产后病和代谢病、延长奶牛食用寿命、降低饲养成本方面，具有显著效果。目前，国内现代牧业、伊利、澳亚集团、蒙牛富源牧业等牧场均进口澳大利亚燕麦草喂饲奶牛。国际上燕麦草的主要出口国是澳大利亚，其年出口量在 100 万～200 万吨。随着国内牧场对燕麦草的重新定位，我国燕麦草进口量涨势强劲。2009 年我国进口的燕麦草不足万吨，2012 年以来开始进入大规模进口阶段，2017 年进口量创历史最高，达 30.79 万吨，同比增加了 38%。近两年开始出现下滑趋势，受 2018 年年底澳大利亚干旱的影响，2019 年进口量进一步下滑，进口量为 24.09 万吨，占我国牧草产品进口总量的 15%（图 2）。

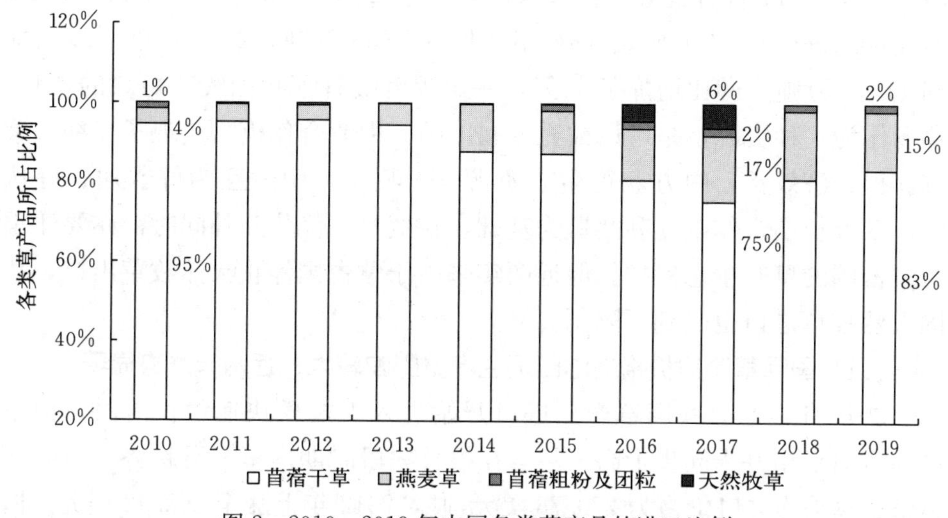

图 2　2010—2019 年中国各类草产品的进口比例

资料来源：中国海关统计年鉴。

（三）苜蓿粗粉及颗粒进口增长缓慢，进口量维持在 4 万吨以内

为了便于运输，储存，同时减少饲料加工成本和饲喂时的浪费，苜蓿草可在干燥后经制粒工艺加工为苜蓿草颗粒。苜蓿颗粒在用于反刍动物时，可部分取代精补料。可作为奶牛养殖过程中用于断奶后犊牛唯一的草料来源，也可用于后备牛、泌乳牛；在羊养殖缺草、缺粮时，可以完全取代精补料或日粮；肉牛、肉羊育肥期，可增加采食量、蛋白、瘤胃健康和长膘增肥。国际上苜蓿粗粉及颗粒的年出口量近 140 万吨，西班牙、美国、法国、意大利及澳大利亚是主要的出口国。苜蓿粗粉及颗粒的主要消费国在欧洲地区，亚洲地区对于饲草的消费更倾向于苜蓿干草，即便是牧草产品的头号进口国日本，其年进口量也仅在 10 万吨左右。我国的进口量较少，2014 年我国开放了西班牙苜蓿草市场，苜蓿粗粉及颗粒的进口量有显著的增加，但增加的幅度有限，2017 年进口创历史最高，进口量为 3.76 万吨，同比增加了 18%。近两年有一定幅度的下滑，但波动不大，2018 年和 2019 年的进口量均维持在 3 万吨左右，占我国牧草产品进口总量的 2%。

（四）天然牧草短暂进军中国市场后退出，进口量曾高达 11 万吨

2015 年 7 月中蒙双方达成合作发展备忘录，我国开放蒙古国牧草入

境，2015 年 11 月首批蒙古牧草从珠恩嘎达布其口岸顺利入境。2015 年天然牧草的进口 0.34 万吨，2016 年增加到 7.53 万吨，2017 年进一步增加到 11.13 万吨，同比增加了 48%，一定程度缓解了我国牧草短缺的现状。草场作为一种资源，是可以被充分利用的。中蒙合作模式实现了互补，蒙方获得经济效益，中方获得生态资源——牧草。中蒙互为好邻居、好伙伴，双方长期合作以互利共赢为基础，在贸易、优势互补同时，亦要注重对蒙古国的草原生态保护。但近两年来由于蒙古国停止天然牧草出口，我国天然牧草进口也受到了限制。

（五）国际草产品价格受出口国生产量影响较大，近两年涨势显著

2010 年以来，我国草产品进口开始进入大规模快速增长阶段，但草产品进口价格并未同步走高，甚至在很长一段时期内呈下滑趋势。2010 年苜蓿干草平均进口价格为 270.76 美元/吨，2012 年上涨至 393.42 美元/吨，创近 10 年来最高后开始逐年走低，2017 年进口价格跌至 302.78 美元/吨，同比下跌了 23%。燕麦草的进口价格变动趋势与苜蓿干草基本一致，2010 年平均进口价格为 267.17 美元/吨，2013 年上涨至 369.26 美元/吨，2018 年下滑至 271.51 美元/吨，同比下跌了 26%。

国际草产品价格波动主要取决于出口国供给情况，进口国处于被动接受状态。2017 年是我国牧草产品进口量最高的一年，同时也是国际草产品价格较低的一年。亚洲和中东地区对牧草产品需求日益增加，国际草产品价格也曾一度走高，但随着苜蓿生产大国不断扩大苜蓿生产，在一定程度上缓解了国际草产品价格上涨的压力。2017 年我国草产品进口价格出现大幅下滑，首先是美国苜蓿干草库存增加，价格大幅度下跌，据 USDA 发布的农作物种植面积报告显示，美国 2016 的干草种植面积达 5 610 万英亩，比上年增长 3%。在美国西部的 7 个苜蓿草主要出口州，苜蓿草种植面积更是较 2015 年激增 8.4%。与此同时，美国大多数地区的放牧场在 2015 年经历了相对的有利天气及高产种植，肉牛生产商可放牧时间增加，进而削减了外部饲料需求。2016 年整体持续了上年的有利天气，相对良好的天气、温和的冬季，让放牧季节得以延长。即使在全美肉牛总数增加的情况下，干草库存依然被动增加，国内外牧草价格下跌。

2018—2019 年，国际市场上苜蓿干草均处于供给紧张的状态，草产

品价格再度高起。2018 年西班牙在 5—7 月收获季节持续下雨，美国华盛顿、俄勒冈州和加拿大，遭遇了比较多的雨水和山火，直接影响了牧草质量。美国和西班牙苜蓿减产直接导致 2018 年全球牧草供应紧张，粗饲料供给短缺，苜蓿干草价格大幅上涨，2019 年我国苜蓿干草进口价格上涨至 339.08 美元/吨，较 2017 年上涨了 12%。此外，由于从 2018 年底以来，澳大利亚遭受了严重的干旱天气，国际市场上燕麦草供给压力骤增，2019 年我国燕麦草进口价格也由 2018 年的 271.51 美元/吨上涨至 358.52 美元/吨，同比上涨了 32%，再度超过了苜蓿干草的进口价格（图 3）。

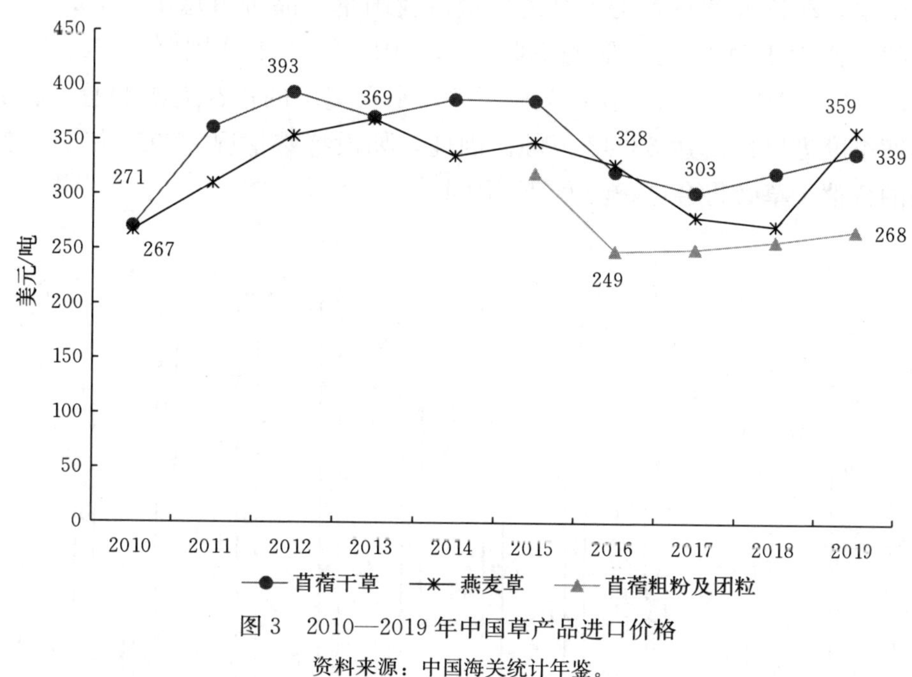

图 3　2010—2019 年中国草产品进口价格

资料来源：中国海关统计年鉴。

二、中国草产品进口来源分布

（一）中美贸易战未改变美国苜蓿在中国市场的主流地位

美国出口到我国的草产品主要是苜蓿干草，仅有少量零星的苜蓿颗粒。2019 年我国从美国进口苜蓿干草 101.44 万吨，同比减少 12.48%，占我国草产品进口总量的 62.37%，占苜蓿干草进口总量的 74.82%。

美国是世界苜蓿生产第一大国，同时也是国际草产品市场的第一大出口国。2018 年 6 月 16 日财政部公布了我国对美加征关税商品清单，紫苜蓿粗粉及团粒（税号：12141000）和以苜蓿干草为主的其他草产品（税号：12149000）均为对美加征关税商品，即从 2018 年 7 月 6 日起对原产于美国的苜蓿加征 25%的关税。由于中美贸易战，我国从美国进口的草产品近 10 年来首次出现下滑。2017 年，我国从美国进口草产品总量为 130.69 万吨，2018 年减少至 115.90 万吨，2019 年进一步减少至 101.44 万吨，与 2017 年相比，减少了 22.39%。我国进口的草产品 99.99%是苜蓿干草，2017 年美国苜蓿干草进口量占我国草产品进口总量的 70.41%、占我国苜蓿干草总进口量的 93.41%，2019 年占比分别降至 62.37%、74.82%。2019 年 9 月惩罚性关税暂停，来自美国的苜蓿大幅度增加，仅第四季度进口量就达 33.43 万吨。因此，如没特殊情况，2020 年来自美国的苜蓿干草必将会进一步回升（图 4）。

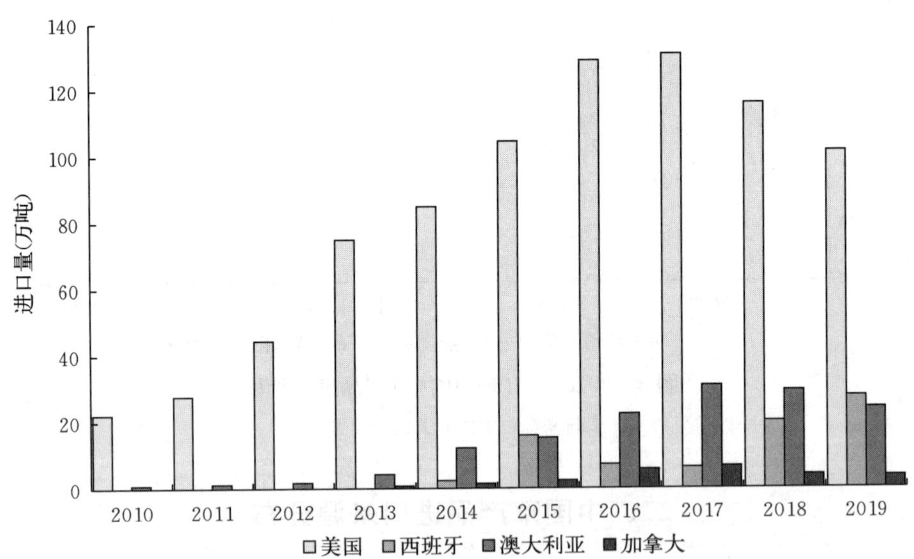

图 4　2010—2019 年中国草产品的进口来源国分布情况

资料来源：中国海关统计年鉴。

（二）澳大利亚燕麦草在中国市场趋于饱和

澳大利亚出口到我国的草产品主要是燕麦草，我国进口燕麦草全部来自澳大利亚。2019 年我国从澳大利亚进口燕麦草 24.09 万吨，同比减少 17.96%，占我国草产品进口总量的 14.81%。

澳大利亚是世界燕麦草生产第一大国。独特的地域和自然生长条件下的品质是澳大利亚燕麦草最大的优势，适口性非常好。早在 20 世纪 90 年代，澳大利亚燕麦干草便作为饲料出口到世界各地。我国对饲草的研发起步较晚，过去对燕麦草的认识不足，进口量不多，随着对燕麦草开发和利用的加强，燕麦草进口量大幅上升，2017 年我国燕麦草的进口量 30.81 万吨，创历史最高。2018 年出现小幅下滑，2019 年进一步减少至 24.09 万吨，与 2017 年相比，减少了 21.82%。2019 年燕麦草进口量大幅下滑，主要是受 2018 年底以来澳大利亚燕麦草减产的影响，国际市场上燕麦草供给压力大，出口价格居高不下，很多奶牛场增加了国产燕麦草的消费。

（三）中美贸易战为西班牙脱水苜蓿重返中国市场创造了新机遇

西班牙出口到我国的草产品有苜蓿颗粒和脱水苜蓿。2019 年我国从西班牙进口草产品 27.62 万吨，同比增加了 37.13%，占我国草产品进口总量的 16.98%。其中进口脱水苜蓿 25.17 万吨，同比增加了 46.44%，占苜蓿干草进口总量的 18.56%；进口苜蓿颗粒 2.44 万吨，同比较少 17.11%，占苜蓿颗粒进口总量的 82.05%。

西班牙是继美国之后的第二大苜蓿出口国，近几年苜蓿出口量均在 100 万～110 万吨。2014 年 6 月 24 日中西双方草签了《西班牙输华苜蓿草安全卫生条件议定书》，标志着西班牙苜蓿开始进入中国市场。2015 年我国从西班牙进口苜蓿干草 13.63 万吨，进口苜蓿粗粉及颗粒 2.20 万吨，由于品质问题，2016 年西班牙苜蓿干草在中国市场上断崖式跌落。2016 年西班牙对华出口草产品仅 7.18 万吨，2017 年进一步减少到 6.26 万吨，与 2015 年相比减少了 60.43%，其中苜蓿干草减少了 81.62%，苜蓿颗粒增加了 70.51%。2018 年 6 月中国对美国进口苜蓿增加 25%关税，高额的关税使得中国牧场开始寻求其他国家替代，西班牙脱水苜蓿迎来了新的机遇。2018 年西班牙对华出口脱水苜蓿 17.19 万吨，比 2017 年增加了近 6 倍，2019 年进一步增加至 25.17 万吨。

（四）加拿大国内苜蓿产业收缩逐步减少了对中国市场的出口

加拿大出口到我国的草产品有苜蓿颗粒和苜蓿干草，2012 年以来主要是以苜蓿干草为主。2019 年我国从加拿大进口苜蓿干草 3.62 万吨，同比较少了 9.02％，占我国草产品进口总量的 2.23％，占苜蓿干草进口总量的 2.67％。

加拿大是世界主要苜蓿生产国之一，年苜蓿干草出口量近 40 万吨。加拿大牧草生产大部分靠自然生长，田间管理投入较少，对牧草产业的重视程度远低于美国，对国际市场开发不积极。2011 年 3 月获得中国的市场准入，但对中国的出口量非常少。加拿大苜蓿干草迟迟不进入中国一方面是由于日本、韩国的饲草价格偏高，有限的出口量首先供应给日韩；另一方面是中国政府的一些检验检疫程序比较严格烦琐，在一定程度上阻碍了加拿大的混合苜蓿干草捆的出口。近年来，随着加拿大苜蓿种植面积大幅减少，草产品出口规模大幅度减少，我国在加拿大的进口量也随之减少，加拿大苜蓿干草在我国的市场份额由 2017 年的 4.33％下降至 2019 年的 2.67％。

（五）南非、苏丹及意大利等国进一步丰富了我国草产品进口渠道

近年来，中国相继开放了美国、加拿大、西班牙、吉尔吉斯斯坦、保加利亚、阿根廷、哈萨克斯坦、苏丹、南非及意大利等国家的苜蓿草进口市场，我国草产品进口来源国日趋多元化，草产品进口市场更为广阔。2019 年我国苜蓿干草进口格局为美国占比 75％、西班牙占比 19％、加拿大占比 3％、南非占比 1％、苏丹占比 1％、意大利占比 1％。随着草产品市场准入国的增加，苜蓿供应商之间的竞争必将日益激烈，这为国内牧场获得物美价廉的草料产品提供了广阔的空间。

三、我国草产品进口趋势预判

（一）国内牧草需求旺盛，对国际市场的依赖将继续存在

随着居民对草食畜产品需求的增加和畜牧业饲养意识的转变，国内对草产品需求也日益增加。众所周知，2008 年“三聚氰胺”事件后，奶牛产业率先改变了传统的饲养模式，大量使用优质牧草，致使我国草产品进口量暴增。近年来，随着养殖模式的不断改进，肉牛及肉羊等产业也逐渐提高了对优质牧草的重视。在规模羊场中，优质干草，特别是在羔羊培

育、怀孕母羊和哺乳母羊以及种公羊生产中开始适量增加苜蓿的使用。此外，全株玉米青贮和干草作为优质粗饲料，已经在肉牛养殖企业之中得到推广，尤其是在育犊母牛场苜蓿干草、羊草和燕麦干草的使用量开始不断增加。从草食畜牧业的发展来看，干草用量特别是优质干草用量还将继续增加。国内对草产品的需求继续增加，在国内资源有限的情况下，必然继续依赖国际市场。

（二）美国苜蓿备受青睐，关税暂停后市场份额将进一步提升

美国是世界苜蓿生产第一大国，同时也是国际草产品市场的第一大出口国。美国凭借其供应能力强和产品质量高等优势，一直是我国进口苜蓿的首选对象。2018 年 6 月 16 日财政部公布了我国对美加征关税商品清单，紫苜蓿粗粉及团粒（税号：12141000）和以苜蓿干草为主的其他草产品（税号：12149000）均为对美加征关税商品，即从 2018 年 7 月 6 日起对原产于美国的苜蓿加征 25%的关税。2018 年美国苜蓿在我国进口苜蓿中的占比由 2017 年的 93%下降至 84%，2019 年进一步降至 75%。在加征 25%关税的情况下，美国苜蓿依然在我国进口苜蓿中居主导地位，可见国内牧场对美国苜蓿的青睐程度。当然，从供给能力来看，目前还没有哪个国家能取代美国满足我国的进口规模。2019 年 9 月惩罚性关税暂停，来自美国的苜蓿大幅度增加，仅第四季度进口量就达 33.43 万吨。随着中美第一阶段贸易协定的落实，预期 2020 年来自美国的苜蓿干草进口量还会增加，占比会显著上升。

（三）对美国苜蓿加征关税，为国产苜蓿的发展提供了机遇

中美贸易战对苜蓿干草使用产生了深刻影响。一方面使奶牛养殖场普遍减少了美国苜蓿干草的使用量，用来自其他国家的苜蓿干草或者用国产苜蓿干草及苜蓿青贮替代。根据调研结果显示：2018 年下半年，使用进口苜蓿的牧场开始调整配方，美国苜蓿添加量减少 1/3～1/2，美国苜蓿购买量同比减少 43.2%，由国产苜蓿和西班牙苜蓿替代，采购量分别同比增加 36.7%和 75.7%；西部地区仍以国产苜蓿为主，苜蓿青贮使用量增加。另一方面也使得国产苜蓿干草的价格摆脱长期偏低的困境，回归合理价位，使得国产苜蓿干草的优质优价、国产苜蓿干草与美国苜蓿干草的同质同价方面比以往有明显改善。受中美贸易战、人民币贬值等因素影

响，2019 年进口苜蓿比 2018 年同期上涨超 1 000 元/吨，同时拉动国产牧草全面涨价 200～300 元/吨，进口牧草使用量减少，国产牧草增加，采购量增加近 1/3，同比增长 36.65%。由于国内苜蓿种植比较效益得到回升，预期国内苜蓿商品草质量进一步提升，产量稳步增加。借助中美贸易摩擦带来的契机，饲草企业已经意识到优质优价是提高企业效益的重要途径。国产苜蓿干草质量普遍提高，优级和一级质量的苜蓿同比提高约 20%；与美国进口苜蓿相比，国产苜蓿竞争力有所提高，对进口苜蓿的替代程度进一步加大。

（四）我国燕麦草进口来源单一，国产燕麦草竞争力进一步增强

市场上的燕麦草一般指燕麦干草，也就是种植饲用燕麦（包括皮燕麦和裸燕麦两个品种）生产加工而成的干草捆。目前市场流通的燕麦草主要有 A 型和 B 型两种类型，A 型和 B 型燕麦干草用途不同。断奶犊牛、育成牛和青年牛适用 A 型 2 级和 3 级，泌乳奶牛适用 A 型特级和 1 级，干奶牛和围产前期奶牛适用 B 型燕麦干草。我国进口燕麦草全部来自澳大利亚，澳洲燕麦干草基本上是 B 型。我国既可以生产优质 A 型燕麦干草，也可以生产优质 B 型燕麦干草，国产 B 型燕麦干草的品质与澳大利亚燕麦干草品质相当或更好，而且更有价格优势。2018 年底以来，澳洲遭受较大干旱，燕麦草生产受到极大影响，供应短缺，致使国际市场上燕麦干草价格大幅上涨，较 2018 年同期相比每吨上涨 400～600 元，2019 年我国燕麦草进口量较 2018 年减少了 18%。根据调研显示：使用进口燕麦草的牧场调整了日粮配方，减少了澳大利亚高价燕麦干草的使用量，增加了对国产燕麦干草的使用量，其中进口燕麦草的使用量减少 37%，国产燕麦干草购买量同比增加 211.5%。此外，国内已有研究指出，日产奶 30～35 千克泌乳奶牛可使用国产优质 A 型燕麦干草特级和 1 级，而无需使用美国进口苜蓿干草（冯晋芳，李志强，2013）。燕麦草进口国来源单一，必然会存在着较高的市场风险和政治风险，而我国燕麦草生产存在较强优势，随着燕麦草产业日趋完善，其竞争力必然会进一步提高。

（五）国际市场草需求旺盛，我国需进一步开拓进口渠道

近年来，国际草产品市场需求异常旺盛。日本和韩国是传统的草产品需求大国，每年都有稳定的进口需求。2010 年以来，中国进口量急剧增

加，并超过韩国成为第二大草产品进口国，这给国际草产品市场带来新的需求动力同时也带来了供给压力。近年来中国草产品进口增速慢慢放缓，但中东地区又呈现出新的旺盛需求，尤其是以沙特为首的中东国家也开始建设规模牧场，优质苜蓿需求急剧增加。为保护地下水储量，中东一些国家不允许种植苜蓿及其他耗水饲草，政府鼓励进口草产品，导致近年来中东地区草产品进口量急剧增加。2010 年沙特进口牧草产品 9 万吨（4%为苜蓿干草，96%为苜蓿粗粉及颗粒），近年来进口规模不断增加，2018 年草产品进口量 86.90 万吨（91%为苜蓿干草，9%为苜蓿粗粉及颗粒）。中东更重视食品安全而不是价格，因此它们的采购价格也高于中国、日本甚至全球任何买家，这对我国在国际市场上进口苜蓿极为不利。近年来，我国与更多国家展开了深入的合作，相继开放了西班牙、加拿大、吉尔吉斯斯坦、保加利亚、阿根廷、哈萨克斯坦、俄罗斯、德国等国家的苜蓿草以及蒙古天然牧草进口市场。2018 年底及 2019 年初，海关增加了来自南非、苏丹及意大利苜蓿的进口许可，进一步增加了我国草产品的进口来源地。2019 年我国苜蓿干草进口格局为美国占比 75%、西班牙占比 19%、加拿大占比 3%、南非占比 1%、苏丹占比 1%、意大利占比 1%。可以看出，美国苜蓿干草市场份额有所下降，但仍然高达 75%，加征关税暂停之后，市场份额还将要回升。过度地依赖某一国，必然会带来巨大的风险，为确保供给稳定和价格合理，我国有必要进一步开拓进口渠道，从欧洲等国家寻找新的草源来缓解供给短缺压力。

草食畜牧业专题

我国肉牛产业发展现状、问题及对策建议

——基于对四川和云南的实地调研*

李俊茹　王明利　杨　春　石自忠　高海秀

肉牛产业作为畜牧业发展的重要组成部分，是农业农村经济发展的支柱产业，是实现资源综合利用与农业生产良性循环的重要抓手，是促进农牧民增产增收与脱贫致富的现实路径，是适应居民消费结构转变、稳定优质安全动物蛋白供应的切实保障。近年来，受国内外诸因素影响，肉牛生产发展形势变化明显。为深入了解当前肉牛产业发展形势，把握肉牛产业面临的突出问题与现实约束，调研组于2019年4月赴四川省达州市达川区、宣汉县及云南省德宏州芒市、楚雄州楚雄市和大姚县进行实地调研。通过对当地繁育场（户）、育肥场（户）、屠宰加工厂等的调研，系统把握了四川、云南等典型地区肉牛产业发展现状，发现了当前肉牛产业发展面临的突出问题，提出了推动我国肉牛产业持续发展的对策措施，以供生产和政策决策参考。

一、肉牛产业发展现状

（一）不同地区肉牛生产形势存在差异

不同地区肉牛产业形势存在差异，生产波动总体较大。2015年，四川省肉牛存栏量、能繁母牛存栏量、肉牛出栏量、牛肉产量分别为857.80万头、109.63万头、263.30万头和31.81万吨，2018年存栏量、

* 发表于《中国农业资源与区划》2020年第8期。

能繁母牛存栏量分别下降至 824.30 万头和 99.17 万头，年均下降 1.32% 和 3.29%，肉牛出栏量、牛肉产量分别上升至 276.99 万头和 34.50 万吨，年均增长 1.70%和 2.74%；达川区分别从 10.70 万头、7.41 万头、5.50 万头和 0.73 万吨降至 10.42 万头、7.39 万头、5.32 万头和 0.67 万吨，年均下降 0.88%、0.09%、1.10%和 2.82%；宣汉县分别从 15.31 万头、10.05 万头、8.28 万头和 0.98 万吨增至 15.63 万头、10.28 万头、8.95 万头和 1.02 万吨，年均增长 0.69%、0.76%、2.63%和 1.34%。2015—2018 年，云南省肉牛存栏量、能繁母牛存栏量年均下降 1.08% 和 2.91%，肉牛出栏量、牛肉产量年均增长 1.01%和 0.39%；芒市肉牛存栏量、能繁母牛存栏量、肉牛出栏量、牛肉产量年均增长 11.14%、29.56%、30.62% 和 30.40%，楚雄市年均下降 4.28%、7.17%、14.72%和 14.59%，大姚县年均下降 10.63%、13.09%、19.79% 和 19.96%。调研发现，当地肉牛生产下降主要受以下三点因素影响。一是肉牛养殖比较效益低。随着城镇化进程的不断加快及农村劳动力地区间、行业间转移的持续推进，农村劳动力进入或进行肉牛养殖积极性不高，大量散户、中小规模养殖场（户）退出肉牛养殖；即使目前养殖行情向好，但对年轻劳动力吸引有限，未来“谁来养牛”将是肉牛产业发展亟待关注的问题。二是肉牛养殖制度约束大。肉牛养殖用地审批难，审批手续复杂，养殖场申报难度大；环保政策持续推进，迫使养殖场（户）关停或搬迁；肉牛养殖监管力度加大，无建档立卡和出栏检疫无法流通或跨区售卖；系列制度性约束打击了肉牛养殖积极性。三是随着打击走私力度加大，非正规渠道入境肉牛、玉米等减少，牛源及饲料供应不足，致使德宏等地区肉牛养殖仔畜、饲料成本高涨。

表 1 调研地区肉牛生产情况

单位：万头，万吨，%

地区	项目	2015 年	2018 年	年均增长率
四川省	肉牛存栏量	857.80	824.30	—1.32
	能繁母牛存栏量	109.63	99.17	—3.29
	肉牛出栏量	263.30	276.99	1.70
	牛肉产量	31.81	34.50	2.74

（续）

地区	项目	2015 年	2018 年	年均增长率
达川区	肉牛存栏量	10.70	10.42	−0.88
	能繁母牛存栏量	7.41	7.39	−0.09
	肉牛出栏量	5.50	5.32	−1.10
	牛肉产量	0.73	0.67	−2.82
宣汉县	肉牛存栏量	15.31	15.63	0.69
	能繁母牛存栏量	10.05	10.28	0.76
	肉牛出栏量	8.28	8.95	2.63
	牛肉产量	0.98	1.02	1.34
云南省	肉牛存栏量	827.94	801.50	−1.08
	能繁母牛存栏量	292.73	267.94	−2.91
	肉牛出栏量	355.36	366.24	1.01
	牛肉产量	42.17	42.67	0.39
芒市	肉牛存栏量	4.13	5.67	11.14
	能繁母牛存栏量	1.03	2.24	29.56
	肉牛出栏量	2.10	4.68	30.62
	牛肉产量	0.23	0.51	30.40
楚雄市	肉牛存栏量	5.86	5.14	−4.28
	能繁母牛存栏量	3.70	2.96	−7.17
	肉牛出栏量	4.37	2.71	−14.72
	牛肉产量	0.61	0.38	−14.59
大姚县	肉牛存栏量	7.58	5.41	−10.63
	能繁母牛存栏量	3.58	2.35	−13.09
	肉牛出栏量	2.81	1.45	−19.79
	牛肉产量	0.39	0.20	−19.96

资料来源：由调研地区畜牧主管部门提供。

（二）价格全面上涨推动养殖效益持续向好

2018 年以来，四川、云南活牛及牛肉价格呈上涨态势。调研得知，当前四川省达川区和宣汉县活牛平均价格为 29 元/千克，较 2018 年上涨 16%；云南省德宏州、楚雄州活牛价格为 27 元/千克，较 2018 年上涨 3%。牛肉价格也维持在较高水平，调研地区牛肉价格在 60 元/千克上下波动，最高时达到65元/千克。牛肉价格上涨原因主要有二，一是随着城乡居民收入及消费水平提升，居民膳食结构发生变化，牛肉消费需求持续增加，进而从需求侧推动牛肉价格上涨（石自忠，2017）；二是肉牛养殖成本增加，主要表现为饲草料、劳动力价格上涨和母畜养殖成本增加，从供给侧助推价格上涨。从云南德宏调研了解到，随着走私打击力度加大，从缅甸流入的架子牛和玉米急速下降，致使当地仔畜及饲料成本增加，在一定程度上影响了当地肉牛养殖积极性。总体来看，较高的市场价格使得肉牛养殖效益持续向好，当前效益明显好于前几年。调研得知，出栏肉牛头均纯收益在2 500～3 000元，繁殖出售架子牛头均纯收益在3 000—3 400元（表2、表3）。

表2　2018年育肥场（户）出栏肉牛成本收益

单位：千克/头，元/千克，元/头

项　　目	四川			云南		
	达川区某公司	宣汉县某公司	宣汉县某养殖场	芒市某家庭农场	楚雄市某公司	楚雄市某养殖场
存栏量	550	960	458	15	800	691
母牛存栏量	120	280	150	12	420	366
出栏量	350	380	300	14	1 580	425
出栏头均活重	570	575	570	700	680	650
购进架子牛平均活重	290	280	300	500	350	260
出栏平均价格	26	26	27	25	28	29
出栏肉牛收入	14 820	14 950	15 390	17 500	19 040	18 850
出栏肉牛成本	12 255	12 300	12 640	14 540	16 120	15 860
仔畜费	7 500	7 500	7 550	10 150	12 000	11 500
粗饲料费	1 540	1 520	1 740	1 190	1 200	1 330
精饲料费	2 760	2 850	2 900	2 800	2 400	2 640
雇工费	165	155	170	160	230	210
其他费用	290	275	280	240	210	180
出栏纯收益	2 565	2 650	2 750	2 960	3 000	2 990

表 3　2018 年繁育场（户）出售架子牛成本收益

单位：千克/头，元/千克，元/头

项目	四川		云南		
	达川区某养殖场	宣汉县某养殖户	芒市某家庭农场	大姚县养殖场 1	大姚县养殖场 2
存栏量	13	7	15	40	31
母牛存栏量	8	6	12	12	22
出售头均活重	250	250	300	240	250
出售平均价格	30	29	27	32	32
出售架子牛总收入	7 500	7 250	8 100	7 680	8 000
母牛养殖总成本	4 000	4 300	3 800	4 100	3 600
出售架子牛总成本	4 325	4 240	4 740	4 370	4 660
母牛价值摊销	990	910	1 400	1 100	1 200
母牛养殖成本摊销	1 900	2 000	2 000	1 800	2 100
粗饲料费	450	380	350	480	360
精饲料费	720	730	660	720	740
雇工费	95	80	150	120	120
其他费用	170	140	180	150	140
出售架子牛纯收益	3 175	3 010	3 360	3 310	3 340
出售量	10	5	14	28	35

（三）肉牛屠宰交易区域差异明显

四川省达州市屠宰交易量有所下降，屠宰方式简单，品牌竞争力不强，产品附加值偏低。达川区万通牲畜商贸有限公司屠宰量逐年下滑，2018 年肉牛屠宰数量降为 0.6 万头，之前屠宰量最多时达到 1.5 万头。宣汉县某公司主要做熟产品加工，肉牛年平均屠宰量在 0.2 万头，之前最多时达 0.7 万头；公司牛肉干批发价格为 220 元/千克，主要在当地销售，产品品牌在全国市场上没有竞争力，收益率较低。云南省德宏州、楚雄州屠宰及交易量稳步增加，屠宰条件持续优化，延伸了产业链条，强化了市场流通，提升了产业附加值。调研得知，2018 年德宏州肉牛屠宰量达 6.3 万头，较上年增加 4.78%，达到近年来肉牛屠宰最高水平。德宏盈瑞畜牧养殖有限公司 2018 年共屠宰肉牛 3 万头；该公司建有先进自动化屠宰生产线，通过精深加工，除在本地销售外，还将产品销往广东、山东、安徽等地，形成具有一定影响力的肉牛产品品牌；在弥补活牛流通劣势、促进产品有效流通的同时，实现了肉牛产业效益的有效提升。

（四）对边境走私打击力度加大影响部分地区肉牛生产

从云南德宏调研得知，因受政府打击走私的影响，近年来中缅肉牛交易量减少，政府只授权大康牧业这一家公司从缅甸进牛，容易形成垄断，不利于当地肉牛产业发展。此外，缅甸活牛非法走私长期影响当地肉牛产业发展。缅甸活牛非法进入云南德宏的渠道主要为民间牛贩子以零星方式经渡口偷渡进入境内，主要销往芒市、瑞丽、盈江、陇川等地。2016—2018年，从德宏州各渡口及通道非法偷渡进入德宏的活牛约50万头。随着打击走私力度不断加大，缅甸活牛非法入境数量持续减少，在一定程度上影响了当地肉牛产业持续发展。一是肉牛流入减少使当地养殖量下降。部分养殖散户过度依赖走私低价牛，自加大监管力度后，缅甸牛流入大幅减少，加之市场信息不对称，部分养殖散户无法从其他渠道购入犊牛或架子牛，牛源减少及仔畜成本上升促使部分养殖户退出肉牛养殖。二是玉米流入下滑推动饲料成本上涨。调研得知，以前养殖户可从缅甸以1.5元/千克的价格购进玉米，随着打击走私力度加大，从缅甸进入的玉米减少，现主要使用东北玉米，市场价格高达2.5元/千克。牛源不足及玉米价格上涨直接推动了肉牛养殖成本的增加，部分养殖户反映近期养殖效益低于上年。

（五）肉牛养殖模式不断创新

各地积极探索养殖模式，延伸产业链条，服务带动农户，创新利益联结机制，形成了产、供、销一体化产业链运作方式，促进了养殖、加工、流通等各环节利益合理分配，提高了养殖规模化、标准化水平和养殖效益。四川省达州市积极推进“龙头企业＋基地＋农户”养殖模式，建设了一批规模化、标准化优质肉牛生产基地，在基地上培养良种，通过专业化饲养技术，提高规模效益；做好龙头企业与基地衔接，吸收外地和其他行业产业化成功经验，充分发挥龙头企业带动作用；推进龙头企业与养殖户签订收购合同，建立利益联结机制，实现产业一体化，保证协调高效运转。云南省楚雄州探索的“企业＋合作社＋农户”养殖模式，各主体分工明确，形成了紧密的利益联结机制，极大提升了农户肉牛养殖积极性。农户等社员负责购置架子牛进行前期育肥并做好防疫工作，合作社负责后期育肥及销售。合作社可及时掌握市场动态，摸清市场行情，减少中间环节，降低市场风险，增加肉牛养殖利益空间；同时根据市场信息规范肉牛养殖管理，及时对社员进行培训，推广新技术。

二、肉牛产业发展面临的突出问题

（一）环保“一刀切”挫伤经营主体养殖意愿，产业可持续发展面临挑战

自 2017 年实施《四川省畜禽养殖污染防治技术指南（试行）》以来，由于禁养区（包括风景名胜区、文物保护区、水源保护区、自然保护区）的划定，导致当地养殖户需关闭或搬迁养殖场。达川区禁养区面积约占总面积（含林场）的 1/4，由于划定的禁养区域逐渐扩大，加之受环保及面源污染整治的影响，不论养殖户规模大小、带动能力强弱，只要不符合文件标准的养殖场（户）均需关闭拆除。这种“一刀切”划定禁养区的方式，导致达川区养殖场关闭 205 家，其中肉牛养殖场 17 个，涉及肉牛存栏 588 头。肉牛养殖场（户）数量下降，挫伤了养殖户的养殖意愿。云南省调研区域由于环保政策实施，城镇周围多数地区被划定为水源保护地、禁养限养区，肉牛养殖多转向山里，水电路等基础设施配套不完善，运输成本高，亟待扶持政策跟进。

（二）基础母畜存栏持续走低，后续仔畜市场供应趋紧

本次调研的部分地区仍然存在能繁母牛存栏下降的趋势。据对达川区某公司了解，由于肉牛养殖多在偏远山区，养牛户主要通过经纪人卖牛，当前活牛市场价格较高，效益行情好，存在过度出栏屠宰犊牛和繁殖母牛的情况。在某屠宰场的待宰区，共有 20 多头活牛，其中有 10 多头不同年龄段的母牛。分析原因主要有以下方面：一是母牛补贴政策取消的影响。2014—2016 年宣汉县养殖场（户）享受母牛补贴的最低头数分别为 13 头、15 头、19 头，且主要补贴圈养母牛，针对放养没有补贴。补贴政策取消后，养殖户积极性受到一定影响。二是母牛圈养成本高。按照一年一胎，圈养母牛每年饲养成本为 4 000～4 500 元/头，母牛价值摊销为 700 元/

头，配种、圈舍折旧等费用 200 元/头，新生犊牛折价 5 900～6 400 元/头。“放牧＋补饲”的母牛每年饲养成本为 1 000～1 500 元/头，新生犊牛折价为 2 900～3 400 元/头。当地 150 千克（4 月龄左右）犊牛市场价为 6 500～7 000元/头，圈养母牛成本比较高。三是即使当前行情好，母畜养殖增加潜力较小。目前，当地母畜养殖主要为农村老人，虽然行情好，但老人受身体原因扩大养殖规模或继续从事养殖的能力有限，而年轻人从事养殖行业较少。

（三）标准化专业化水平低，养殖技术仍待提升

一是肉牛养殖设施设备落后，劳动力投入强度大。四川省达州市多数养殖场（户）圈舍喂料通道狭窄，不适合机械化送料，目前由养殖人员用简单送料工具送料，效率低下；圈舍主要靠人工清粪，工作强度大、环境差、效率低。二是调研所涉地区除规模养殖场实现雨污分离、干湿分离，生产区、生活区、粪污处理区分离，以及圈舍标准化建设外，其余专业养殖户和散养户标准化程度均较低（曹兵海等，2019）。三是养殖技术水平仍待加强。一方面体现在饲料结构上，部分养殖户大量使用酒糟饲喂母牛，导致母牛受胎率低、前胃迟缓等情况发生，给养殖户带来损失；部分经营者欠缺科学饲养管理知识，调研的宣汉种牛场对母牛饲喂过多饲料，导致小牛过大、母牛难产，降低了繁殖成活率。另一方面，养殖户粉碎、压实等青贮技术不高，造成青贮损失较多，个别养殖场（户）青贮损失高达 30%以上。在云南省调研发现，多个养殖场（户）青贮玉米粉碎机不达标，无法将青贮玉米完全粉碎。

（四）市场监管机制不健全，屠宰条例不明确

目前，调研地区的监管机制仍停留在传统畜牧业领域。畜牧业在不断创新发展，但市场监管理念、监管手段和监管机制难以跟进，迫切需要监管机制的创新与发展。调研达川区最大的屠宰场（达州市万通牲畜商贸有限公司）时，发现屠宰场基础设施简陋，宰杀区域卫生条件差，当地没有出台相应屠宰条例，牲畜屠宰检疫标准、产品质量安全追溯体系、屠宰监督检验工作等不明确。地方畜牧部门主要负责人表示，公司从牛经纪人手中购进肉牛，经宰杀后切割成四分体，后销入市场。但宰杀分割环节目前尚无畜牧主管部门和市场监管部门监管，食品安全无法得到有效保障，监

管机制亟待完善。此外，信息不对称也造成了市场监管机制的无效性。多数养殖户依靠牛经纪人交易肉牛，有时牛经纪人故意压低肉牛收购价格，绝大多数利润都到了牛经纪人手中，养殖户只能赚到少数利润，极大挫伤了养殖户积极性。在调研中达川区九岭乡千马村千华养殖场的负责人表示，牛经纪人从农户手中以 5 500 元的价格购进犊牛，再以 9 000 元的价格卖出，可赚取 3 500 元的差价。同时，市场监管机制对牛经纪人缺乏有效监管，未对牛经纪人形成有效约束，给养殖户造成了很大损失，打击了养殖户的养殖积极性。

（五）肉牛养殖要素投入压力大，政策扶持亟待跟进

一是养殖用地难。目前，肉牛养殖建设用地越来越难获批复，养殖场须以设施农用地报批。调研过程中，养殖户反映最多的就是养殖建设用地批复难的问题，农户有扩大养殖的积极性，但用地难成为关键制约因素。二是融资贷款难。一方面，肉牛养殖固定资产投资额度大，流动资金占用多，但肉牛产业扶持政策少，资金不足严重制约了肉牛养殖的发展与规模的扩大；另一方面，养殖场固定资产无法作为抵押物抵押融资，肉牛养殖融资贷款难问题突出，亟待配套完善的金融保险政策，解决肉牛养殖融资贷款难问题。调研发现，云南省芒市某合作社有 31 户社员，每户有 3 万元扶贫资金，合作社将 93 万元扶贫资金整合用作合作社运营资金，并支付社员 1 分利息，2018 年利息共计 4.8 万元，高额融资利息加重了合作社运营负担；四川某食品公司负责人表示，企业享受到的扶持政策较少，呼吁加大品牌建设、走高端市场，建立长期稳定的支持政策。

三、推动肉牛产业发展的对策建议

（一）环保措施精准发力，助推产业稳健发展

一是环保措施要精准发力，助力肉牛养殖健康持续发展。制定切实可行的环保条例，鼓励养殖户发展各种类型的种养结合生态养殖模式，依托养殖场（户）或公司自有果园、菜地、茶园等，推进“牛—沼—果”“牛—沼—菜”“牛—沼—茶”等种养结合循环模式。粪污处理方面，利用沼气池对粪进行发酵后，直接还田或做有机肥（王明利，2018）。二是合理制

定和推进排污补贴政策。补贴政策要真正实现减少肉牛粪便对环境的污染，必须通过影响养殖户行为等方式来实现，因此在政策设计时要结合当地畜牧业的特点和养殖户的行为特征，使政策作用更为直接有效。三是加强环保宣传培训，强化技术研发应用。增强对畜禽养殖户关于环保方面法律、法规的宣传教育，加大粪污资源化利用技术指导和服务；加强宣传和培训力度，提高养殖户的环保意识和管理水平，对粪污进行综合治理；加大对养殖户粪污资源化利用方面的知识培训力度，强化粪污资源化利用的理念，积极探索粪污资源化利用新模式；加强对污染处理技术的研发投资，降低处理成本，让更多的养殖户有条件选择合适的处理方式（鞠昌华等，2016）。

（二）坚定母牛养殖支持，强化饲草基础保障

一是继续实施母牛补贴政策。出台补贴母牛养殖户的规范性文件，成立母牛养殖专项基金。一方面为养殖户养殖母牛提供支持，保护基础母源，提高养殖户积极性；另一方面可避免未到屠宰年限的能繁母牛出栏屠宰。同时，鼓励和扶持公司或龙头企业建立繁育基地，积极引导有条件的边远山区和牧区发展母牛养殖，利用其养殖成本低的优势，强化架子牛供给基础。二是开发饲草料资源，降低养殖成本。继续落实并强化粮改饲政策，立足种养结合循环发展，引导种植优质牧草，推进“玉米种植—青贮饲料—养殖”及种养加全产业链发展，促进饲料粮就地转化，提高养殖效率（王亚萍等，2017）。同时，大力推进饲草料生产机械化，研发并推广适合南方山区的饲草生产机械，降低生产成本，切实解决区域内饲草紧缺难题，降低肉牛养殖成本（高海秀和王明利，2018）。

（三）提高养殖技术水平，推动标准化生产

一是推进肉牛养殖设施设备标准化。主要对饲喂通道、清粪槽道、牛床等设施进行设计与改造，以机械化作业为出发点，标准化、科学化、合理化地安装养殖设备，完善肉牛养殖设施设备配套；强化肉牛养殖在饲草饲料等方面的机械化水平，包括饲草料种植、收割、运输、青贮加工等环节；研制开发适合用于当地养殖场使用的自动投料和清粪机。二是提高肉牛养殖技术，合理搭配营养结构（朱增勇等，2018）。一方面，研究制定符合不同地区的肉牛养殖技术规程，加大技术集成与示范，强化宣传与培

训力度，提高经营主体标准化养殖水平；另一方面，为防止母畜发生难产，饲喂母畜主要以青饲料为主，适当搭配混合精饲料，重点满足蛋白质、矿物质和维生素的营养需要，混合精饲料不可过多饲喂，此外还要加强肉牛的擦拭和运动。

（四）完善市场监管机制，制定明确屠宰条例

一是完善肉牛养殖监管体系。健全肉牛养殖监管体系，突出监管工作的重要性，统筹各级主管部门，切实提高专业技术人员水平，深入落实监督监管工作，推进实现肉牛养殖从产前、产中到产后的全方位追踪，切实保障最终端上居民餐桌的是健康安全的牛肉。二是制定明确的屠宰条例。统一出台目标明确、措施精准、要求具体的屠宰条例，按照屠宰产品品质检验规程要求，严格进行入场静养、宰前及宰后检验；加大流行病学调查及疫病监测力度，完善多层级监管机构建设，从源头确保屠宰肉品质量安全（王晋臣和杨瑞珍，2011）。三是加强市场信息流通体系建设。进一步规范牛交易市场，加强监督和正确引导，建立一批辐射能力强、运行规范的肉牛交易市场；做好基地与龙头企业的衔接，吸收外地及其他行业产业的成功经验，充分发挥当地养殖协会的带头作用，龙头企业与养殖场（户）签订收购合同，建立利益联动机制，实现产业一体化，切实保障养殖户的利益，提高农户养殖积极性。

（五）加大肉牛扶持政策，健全金融保险制度

一是加大肉牛产业扶持政策。政府应给予肉牛产业扶持政策，成立农户养殖、厂房建设及搬迁项目专项资金；建立健全肉牛良种、管理、技术、保险、防疫等方面补贴，完善肉牛养殖用水、用电、用地政策，对有养殖意愿、养殖能力的经营主体给予政策倾斜，提升企业、合作社、家庭农场、养殖户等经营主体肉牛养殖积极性。二是完善肉牛养殖金融保险制度。简化银行贷款审批手续，对肉牛养殖户贷款给予贴息，引导鼓励农业银行、农村信用社等金融机构加大肉牛产业信贷支持力度；鼓励引导社会资本特别是民营资本参与肉牛产业发展，推进投融资渠道多元化，为肉牛产业发展提供灵活、便捷贷款融资服务（杨春和王明利，2013）。

（六）充分利用边境国家母牛资源，警惕过度依赖

充分利用边境两个市场、两种资源，积极探索海外资源，持续推进国

内肉牛产业发展。我国要充分利用边境国家的母牛资源，但不能过度依赖。缅甸立法积极保护基础母畜，只有5周岁以上的母牛才允许出口，目前缅甸牛存栏量2 000万头，其中能繁母牛存栏量约750万头，牛的品种主要以婆罗门牛为主，能繁年代久，寿命长。依托“一带一路”，把云南省优质品种云岭牛的冻精运到缅甸进行良种培育，为中缅肉牛产业发展提供了良好的机遇，双方政府应制定相关的政策措施，促进双方国家的贸易往来，我国可积极利用缅甸母牛市场来改良国内肉牛，但如果过度依赖缅甸母牛，会给当地养殖户带来消极影响。此外，针对个别企业进口缅甸牛垄断市场的现象，政府应在靠近缅甸的我国境内建立肉牛隔离观察场，私人和企业均可通过正规渠道从缅甸进牛，进境的肉牛在隔离观察场隔离、观察、防疫一段时间后，经检验合格后可按正常价格出售育肥。

参考文献

曹兵海，李俊雅，王之盛，郭爱珍，刘继军，罗欣，张越杰. 2018年肉牛牦牛产业技术发展报告［J］. 中国畜牧杂志，2019，55（3）：133-137.

高海秀，王明利. 我国肉牛生产成本收益及国际竞争力研究［J］. 价格理论与实践，2018（3）：75-78.

鞠昌华，芮菡艺，朱琳，孙勤芳. 我国畜禽养殖污染分区治理研究［J］. 中国农业资源与区划，2016，37（12）：62-69.

石自忠，王明利，胡向东，崔姹. 我国肉牛养殖效率及影响因素分析［J］. 中国农业科技导报，2017，19（2）：1-8.

石自忠. 中国牛肉市场价格波动及影响因素研究［D］. 北京：中国农业大学，2017.

王晋臣，杨瑞珍. 中国畜产品区域规模化发展策略、问题与对策［J］. 中国农业资源与区划，2011，32（4）：9-12.

王明利. 改革开放四十年我国畜牧业发展：成就、经验及未来趋势［J］. 农业经济问题，2018（8）：60-70.

王亚萍，张社梅，葛翔. 供给侧结构性改革推进四川省玉米产业转型发展策略［J］. 中国农业资源与区划，2017，38（7）：172-177+182.

杨春，王明利. 当前我国肉牛养殖业发展形势及未来趋势［J］. 农业经济与管理，2013（6）：68-74.

朱增勇，陈加齐，曲春红. 肉牛专业化养殖技术效率研究［J］. 华中农业大学学报（社会科学版），2018（6）：14-19，151.

北京市城镇居民乳制品消费行为研究*

杨钰莹　王明利

近年来，中央1号文件频频提出"全面振兴奶业""做大做强民族奶"等倡导性政策意见，奶业已成为关乎国计民生的重要产业，乳制品也是城乡居民重要的膳食营养补充来源。但我国生鲜乳产量较低，价格波动相对频繁，对外贸易逆差持续扩大，国际市场占有率低，显示性竞争比较优势指数长期处于弱势状态，在国际竞争中不具备比较优势，我国奶业长期面临国际竞争力不足的问题。虽然我国乳制品消费市场潜力巨大，但其生产能力并不能满足人民日益增长的消费需求，为此厂商纷纷寻找外国奶源，本土奶业遭受严重危机。统计数据显示，我国乳制品进口量由2008年的35.06万吨猛增至2009年的59.7万吨，2017年增至217.42万吨，年均增长率为22.48%；出口量则由2008年的12.06万吨跌至2009年的3.68万吨，2017年仅为3.26万吨，年均下降13.53%。

北京作为国际化大型都市，乳制品需求多样化，且消费能力较强。北京市2016年乳制品产量达到62.19万吨，其中液态奶产量约为58.98万吨。奶畜养殖方面，2016年北京市奶牛存栏数达到11.3万头，其中成乳牛7万头，主要集中在通州区、大兴区、密云区等城市发展新区和生态涵养发展区。规模化奶牛养殖场则主要分布在大兴区、延庆区和通州区。超大城市的乳制品消费问题更能反映出我国主要乳制品消费人群的态度和期待，因此北京市城镇居民的乳制品消费问题值得关注。

基于此，本研究以超大城市消费背景为依托，深入分析北京市城镇居民的乳制品消费结构、消费水平以及消费偏好，并引入不同群体特征视

---

* 本研究成果为杨钰莹2020年硕士毕业论文，指导教师王明利。

角，重点围绕具有竞争优势的低温奶产品、奶酪以及乳脂肪类产品，并借助 Logit 模型对影响城镇居民乳制品消费行为的关键因素进行实证分析，对开拓我国乳制品消费市场，引导国产乳制品消费趋势，促进消费结构升级，推动本土奶业发展、提升国际奶业竞争力，强化民族乳业发展具有重要的理论和现实指导意义。

低温奶产品营养价值高、口感醇厚，在国际市场上备受青睐，发达国家已形成特定的消费趋势。由于制作工艺和保存条件的限制，低温奶产品的整个生产、销售过程均需冷链系统维持，因此奶源地越近，地理区位优势就越明显，低温奶产品也成为我国唯一可以与外国奶业相抗衡的乳制品品类。而奶酪、乳脂肪类产品在制作时就需要大量的原料奶，且含乳糖量较少，适合乳糖不耐受人群食用，但在我国尚在起步阶段，还未发展为大众化消费，因此推广本国的奶酪和乳脂肪类产品消费也可拉动国内原料奶需求，保障原料奶生产。本研究通过分析北京市城镇居民的乳制品消费行为及其影响因素，重点掌握具有竞争优势的低温奶产品、奶酪以及乳脂肪类产品的消费特征和偏好，进而改善城镇居民的乳制品消费结构和水平，达到全面开拓我国乳制品消费市场，引导国产乳制品消费趋势，充分发挥奶源地地理区位优势作用，复兴民族乳业的主要目的。

一、北京市城镇居民乳制品消费结构和水平

我国乳制品消费历史悠久，既经历过计划经济时期的消费紧张阶段，也经历了市场经济时期的消费增长阶段。如今，我国乳制品消费市场迎来转型时期，城镇居民更注重乳制品的产品品质，低温奶产品、奶酪和乳脂肪类产品逐渐进入大众视野。本部分针对目前北京市城镇居民乳制品消费的总体情况，以及不同群体特征视角下的乳制品消费结构和消费水平进行描述性统计分析，全面掌握北京市城镇居民的乳制品消费现状，并对不同群体间的乳制品消费差异进行归纳总结，重点关注低温奶产品、奶酪和乳脂肪类产品。

（一）相关概念的界定

1. 乳制品的相关概念

根据国家发展和改革委员会 2008 年第 35 号公告《乳制品工业产业政

策》中关于乳制品概念的定义：乳制品，是包括以生鲜牛（羊）乳及其制品为主要原料，经加工制成的产品。包括液体乳类（杀菌乳、灭菌乳、酸牛乳、配方乳）、乳粉类（全脂乳粉、脱脂乳粉、全脂加糖乳粉和调味乳粉、婴幼儿配方乳粉、其他配方乳粉）、炼乳类（全脂无糖炼乳、全脂加糖炼乳、调味/调制炼乳、配方炼乳）、乳脂肪类（稀奶油、奶油、无水奶油）、干酪类（原干酪、再制干酪）、其他乳制品类（干酪素、乳糖、乳清粉等）。本研究中乳制品主要包括巴氏杀菌奶、超高温灭菌奶、低温酸奶、常温酸奶、奶粉、奶油、黄油以及奶酪。其中，“巴氏杀菌奶”是以新鲜牛奶为原料，采用巴氏杀菌法加工而成的牛奶，特点是在规定的时间内，采用 72～85 ℃的恒温杀菌，保质期一般为 7 天左右；“低温酸奶”是指在生鲜乳状态时只经过一道灭菌处理，乳酸菌可以存活其中，但保存条件苛刻，需低温存储，保质期较短。

2. 产品类别

本研究中涉及的乳制品主要包括巴氏杀菌奶、超高温灭菌奶、低温酸奶、常温酸奶、奶粉、乳脂肪类产品和奶酪。其中，乳脂肪类产品由奶油和黄油组成。本研究中提到的纯牛奶类产品主要指巴氏杀菌奶和超高温灭菌奶，酸奶类产品主要指低温酸奶和常温酸奶，低温奶产品主要指巴氏杀菌奶和低温酸奶，常温奶产品主要指超高温灭菌奶和常温酸奶，液态奶产品主要指纯牛奶类产品和酸奶类产品；干乳制品主要指奶粉、乳脂肪类产品和奶酪。

（二）数据来源与说明

1. 问卷设计

为更全面掌握北京市城镇居民的乳制品消费情况，本研究的调查问卷主要分为四部分，分别包括城镇居民的个人及家庭特征、乳制品消费认知概况、消费结构和水平以及消费偏好。个人及家庭特征主要涉及城镇居民的性别、年龄、民族、家庭常住人口、家庭月总收入和受教育程度等；消费认知概况主要涉及城镇居民对各类乳制品的认知程度等；消费结构和水平主要涉及城镇居民对各类乳制品的购买情况和消费情况，包括购买频率、购买量、支出金额、消费频率和消费水平等指标；消费行为主要涉及城镇居民的乳制品消费意愿、品牌偏好、包装偏好及选择原因、消费渠道偏好及选择原因、信息获取情况以及对乳制品质量安全问题的态度与关注等问题。

2. 调研时点及抽样方式

本研究于2019年3月设计问卷，5—6月确定调研地点并正式展开调研活动。调研地点主要包括北京市东城区、西城区、朝阳区、丰台区、石景山区、海淀区、大兴区和昌平区，其中大兴区和昌平区为市郊区，其余均为北京市的中心城区，样本代表性较强。本次调研通过随机抽样的调查方式，最终回收429份调研问卷，经过筛选后，有效问卷为418份，有效率为97.44%。

3. 样本特征

通过表1可知，本次乳制品消费调研中的被调查者女性占样本总量的53.83%，男性占比为46.17%，女性人数略高于男性。年龄分布方面，以20～30岁以及30～40岁的被调查者居多，分别占样本总量的33.49%和24.64%；20岁以下的被调查者最少，仅占6.94%。教育水平方面，56.46%的被调查者受教育水平为大学及大专，占样本总量的半数以上，

表1 样本特征分布表

指标	类别	频数	频率	指标	类别	频数	频率
性别	男性	193	46.17%	地区	朝阳区	52	12.44%
	女性	225	53.83%		西城区	54	12.92%
年龄	20岁以下	29	6.94%		东城区	53	12.68%
	20～30岁	140	33.49%		海淀区	51	12.20%
	30～40岁	103	24.64%		石景山区	51	12.20%
	40～50岁	51	12.20%		丰台区	52	12.44%
	50～60岁	39	9.33%		大兴区	53	12.68%
	60岁以上	56	13.40%		昌平区	52	12.44%
教育水平	小学及以下	17	4.07%	收入水平	0.5万元以下	27	6.46%
	初中	39	9.33%		0.5万～1万元	72	17.22%
	高中及中专	65	15.55%		1万～1.5万元	115	27.51%
	大学及大专	236	56.46%		1.5万～2万元	91	21.77%
	研究生及以上	61	14.59%		2万元以上	113	27.03%

资料来源：北京市城镇居民乳制品消费调查数据。

小学及以下教育水平的被调查者最少，仅占 4.07%，大学及大专以上教育水平的被调查者超过 70%，可见北京地区的城镇居民受教育水平程度普遍较高。地区分布方面，各区域的样本量基本维持在 12%左右，样本分布较为平均。收入方面，以家庭月收入在 1 万～1.5 万元和 2 万元以上的被调查者较多，分别占样本总量的 27.51%和 27.03%，家庭月收入在 0.5 万元以下的被调查最少，仅占样本总量的 6.46%。

（三）乳制品消费总体情况

1. 乳制品消费情况

如表 2 所示，液态奶产品消费方面，纯牛奶类产品的各项消费指标均高于酸奶类产品。纯牛奶类产品的购买频率约为 60 次/年，相当于城镇居民每 6 天就会购买一次该产品；购买量达到酸奶类产品的 2 倍，约为 89.26 千克/年；支出金额突破千元，高达 1 183.78 元/年；消费频率约为 222 次/年，相当于城镇居民每隔 1 天就会食用一次该产品；人均消费量为 55.21 千克/年，酸奶类产品仅达到 33.07 千克/年。虽然纯牛奶类产品和酸奶类产品的购买频率十分接近，但其他消费指标之间的差异较大，产品之间的消费差距十分明显。

表 2　北京市城镇居民乳制品消费情况

乳制品	购买频率（次/年）	购买量（千克/年）	支出金额（元/年）	消费频率（次/年）	消费量（千克/人·年）
纯牛奶类	59.34	89.26	1 183.78	221.74	55.21
酸奶类	57.47	49.31	873.28	166.59	33.07
奶粉	2.07	2.00	456.09	31.18	1.94
奶酪	5.17	1.68	109.21	24.80	1.29
乳脂肪类	5.20	1.42	130.28	17.17	1.22

资料来源：北京市城镇居民乳制品消费调查数据。

干乳制品消费方面，虽然奶粉的购买频率低于奶酪和乳脂肪类产品，但其购买量、支出金额、消费频率和消费量指标均超过奶酪和乳脂肪类产品，可见奶粉的消费普及率更高。城镇居民对奶酪和乳脂肪类产品的人均消费量分别达到 1.29 千克/年和 1.22 千克/年，消费水平严重不足。

整体而言，目前北京市城镇居民的液态奶产品消费以纯牛奶类产品为主，干乳制品消费能力有待提升，尤其是奶酪和乳脂肪类产品，需进一步激发城镇居民的乳制品消费需求，全面打开乳制品消费市场。

2. 低温与常温奶产品消费情况

如表 3 所示，由于低温奶产品的制作工艺以及储藏条件相对特殊，因此城镇居民对巴氏杀菌奶和低温酸奶的购买频率较高，分别约为 34 次/年和 43 次/年。但从购买量、支出金额、消费频率和消费量指标来看，纯牛奶类产品中，巴氏杀菌奶低于超高温灭菌奶，酸奶类产品中，低温酸奶高于常温酸奶，可见城镇居民在低温奶产品方面的主要消费对象为低温酸奶，常温奶产品则为超高温灭菌奶。超高温灭菌奶的购买量约为 60 千克/年，消费频率和人均消费量分别约至 160 次/年和 40.56 千克/年，消费普及率极高。由于产品间的市场价格差距较大，虽然高温灭菌奶的购买量指标相当于巴氏杀菌奶的 2 倍，但支出金额指标差距较小，产品价格也是目前阻碍巴氏杀菌奶消费的主要因素之一。整体而言，低温奶产品购买频率高，但购买量相对较低，城镇居民对常温奶产品的消费能力更强。

表 3　北京市城镇居民低温与常温液态奶产品消费情况

液态奶产品	购买频率（次/年）	购买量（千克/年）	支出金额（元/年）	消费频率（次/年）	消费量（千克/人・年）
巴氏杀菌奶	33.85	29.06	505.31	62.53	14.65
超高温灭菌奶	25.49	60.20	678.47	159.22	40.56
低温酸奶	42.55	30.64	511.42	100.62	19.73
常温酸奶	14.93	18.67	361.87	65.97	13.34

资料来源：北京市城镇居民乳制品消费调查数据。

（四）不同群体特征下乳制品消费结构分析

1. 乳制品消费结构

女性人群对纯牛奶类产品、奶酪和乳脂肪类产品的消费比例高于男性。如表 4 所示，从北京市城镇居民性别分布来看，女性人群对纯牛奶类产品、乳脂肪类和奶酪的消费比例分别达到 88.00%、30.67%和 25.33%，男性人群对酸奶类产品和奶粉的消费比例分别达到 83.31%和 13.99%，略高于女性人群，可见女性人群的乳制品消费结构要优于男性。

表 4　不同群体特征下乳制品消费结构

单位：%

群体特征	纯牛奶类	酸奶类	奶粉	奶酪	乳脂肪类
男性	84.46	80.31	13.99	16.58	15.54
女性	88.00	79.11	12.00	25.33	30.67
20 岁以下	82.76	82.76	6.90	24.14	24.14
20～30 岁	80.00	85.00	10.00	19.29	25.00
30～40 岁	94.17	84.47	20.39	27.18	29.13
40～50 岁	94.12	84.31	7.84	31.37	37.25
50～60 岁	87.18	66.67	12.82	23.08	12.82
60 岁以上	82.14	60.71	14.29	3.57	5.36
小学及以下	82.35	41.18	5.88	5.88	0.00
初中	87.18	66.67	2.56	12.82	17.95
高中及中专	93.85	78.46	15.38	23.08	24.62
大学及大专	84.75	87.29	14.41	22.03	25.85
研究生及以上	85.25	70.49	13.11	26.23	24.59
朝阳区	80.77	76.92	11.54	11.54	17.31
西城区	87.04	64.81	9.26	12.96	22.22
东城区	96.23	92.45	15.09	30.19	32.08
海淀区	92.16	70.59	17.65	17.65	13.73
石景山区	74.51	66.67	9.80	21.57	13.73
丰台区	84.62	82.69	11.54	19.23	34.62
大兴区	92.45	98.11	22.64	37.74	30.19
昌平区	82.69	84.62	5.77	19.23	25.00
0.5 万元以下	92.59	66.67	3.70	11.11	18.52
0.5 万～1 万元	76.39	75.00	6.94	15.28	18.06
1 万～1.5 万元	87.83	84.35	15.65	19.13	23.48
1.5 万～2 万元	86.81	81.32	16.48	26.37	26.37
2 万元以上	89.38	79.65	13.27	25.66	26.55

资料来源：北京市城镇居民乳制品消费调查数据。

30～50 岁人群为城镇居民乳制品消费的主要年龄层。从年龄分布来看，30～40 岁人群和 40～50 岁人群对纯牛奶类产品的消费比例均超过

94%，虽然对酸奶类产品的消费比例略低于20～30岁人群，但也分别达到84.47%和84.31%，对乳脂肪类产品和奶酪的消费比例更是远超其他年龄层。其中，30～40岁人群对液态奶产品和奶粉的消费比例更多，而40～50岁人群对乳脂肪类产品和奶酪的消费比例更高。

高学历人群的乳制品消费结构较为均衡。从教育水平分布来看，大学以上学历的城镇居民逐渐减少对液态奶产品的消费比例，转而增加奶酪和乳脂肪类产品的消费，这一现象在研究生群体中体现得更为明显。低学历人群则以液态奶产品消费为主，消费集中性很强，消费结构有待改善。

大兴区乳制品消费比例相对较高，西城区和石景山区相对较低。大兴区城镇居民对酸奶类产品、奶粉和奶酪的消费比例均超过其他辖区，分别达到98.11%、22.64%和37.74%。西城区和石景山区乳制品消费比例相对较低，石景山区对纯牛奶类产品和乳脂肪类产品的消费比例均为辖区间的最低值，分别为74.51%和13.73%；西城区对酸奶类产品的消费比例低于其他辖区，仅为64.81%。

低收入人群以纯牛奶类产品消费为主，高收入人群逐渐增加奶酪和乳脂肪类产品的消费比例。家庭月收入在0.5万元以下的城镇居民对纯牛奶类产品的消费比例达到92.59%，消费倾向明显。随着收入水平的上升，城镇居民会逐渐减少对酸奶类产品的消费，逐步增加对乳脂肪类产品和奶酪的消费比例。高收入人群的乳制品消费结构逐渐升级。

2. 液态奶产品消费结构

在液态奶产品消费结构中，女性人群更偏向低温奶产品。如表5所示，女性人群对巴氏杀菌奶和低温酸奶的消费比例均超过男性，分别达到34.67%和63.56%，男性人群对超高温灭菌奶和常温酸奶的消费比例则超过女性，可见男性人群更偏向于易储存、食用性更加方便的常温乳制品。

表5 不同群体特征下液态奶产品消费结构

单位:%

群体特征	巴氏杀菌奶	超高温灭菌奶	低温酸奶	常温酸奶
男性	29.02	72.02	59.07	47.15
女性	34.67	71.11	63.56	40.89

（续）

群体特征	巴氏杀菌奶	超高温灭菌奶	低温酸奶	常温酸奶
20 岁以下	31.03	75.86	75.86	37.93
20～30 岁	25.00	70.00	70.71	47.86
30～40 岁	42.72	75.73	71.84	40.78
40～50 岁	49.02	64.71	62.75	49.02
50～60 岁	20.51	79.49	43.59	41.03
60 岁以上	23.21	66.07	23.21	39.29
小学及以下	5.88	82.35	17.65	41.18
初中	28.21	76.92	41.03	41.03
高中及中专	24.62	83.08	56.92	47.69
大学及大专	34.75	68.64	69.49	46.19
研究生及以上	39.34	63.93	60.66	32.79
朝阳区	44.23	50.00	50.00	32.69
西城区	24.07	68.52	40.74	35.19
东城区	30.19	90.57	83.02	64.15
海淀区	37.25	80.39	54.90	31.37
石景山区	37.25	54.90	43.14	35.29
丰台区	28.85	67.31	63.46	44.23
大兴区	33.96	84.91	86.79	64.15
昌平区	21.15	75.00	69.23	42.31
0.5 万元以下	22.22	81.48	48.15	29.63
0.5 万～1 万元	26.39	66.67	59.72	37.50
1 万～1.5 万元	26.96	75.65	66.09	51.30
1.5 万～2 万元	34.07	67.03	62.64	47.25
2 万元以上	41.59	71.68	60.18	40.71

资料来源：北京市城镇居民乳制品消费调查数据。

老年人群对低温奶产品的消费比例相对较低。50～60 岁和 60 岁以上的城镇居民对巴氏杀菌奶的消费比例均未超过 25%，60 岁以上人群对低温酸奶的消费比例也仅达到 23.21%。虽然老年人群对超高温灭菌奶和常温酸奶的消费比例也有降低趋势，但整体来看，老年人群对液态奶产品的消费仍以常温奶产品为主。

巴氏杀菌奶在高学历和高收入人群中的消费比例较高。随着教育和收入水平的上升，城镇居民对巴氏杀菌奶的消费比例也持续增加，研究生以上学历人群和家庭月收入 2 万元以上人群的消费比例分别达到 39.34%和 41.59%，分别是各群体特征分布下的最高值。

朝阳区纯牛奶类产品消费结构较为均衡，大兴区和东城区对各类液态奶产品的消费比例相对较高。不难看出，朝阳区的城镇居民对巴氏杀菌奶和超高温灭菌奶的消费比例差距最小，分别为 44.23%和 50.00%，纯牛奶类产品消费结构十分均衡。而大兴区和东城区对超高温灭菌奶和低温酸奶的消费比例均超过 80%，对常温酸奶的消费比例也均超过 60%，可见对液态奶产品消费十分普遍，已培养出固定的消费习惯。

（五）不同群体特征下乳制品消费水平分析

1. 乳制品消费水平

女性人群对液态奶产品的消费水平超过男性，而男性群体对干乳制品的消费水平则超过女性。如表 6 所示，女性人群对纯牛奶类和酸奶类产品的消费水平分别达到 59.20 千克/年和 33.30 千克/年，男性人群对奶粉、乳脂肪类产品和奶酪的消费水平分别达到 1.96 千克/年、1.28 千克/年和 1.29 千克/年，可见男性群体比女性更倾向于消费干乳制品。

表 6　不同群体特征下乳制品消费水平

单位：千克/年

群体特征	纯牛奶类	酸奶类	奶粉	奶酪	乳脂肪类
男性	50.56	32.82	1.96	1.29	1.28
女性	59.20	33.30	1.92	1.28	1.17
20 岁以下	42.62	19.17	0.21	1.75	0.47
20～30 岁	40.39	33.97	1.41	1.62	1.63
30～40 岁	68.08	33.58	3.85	1.06	1.33
40～50 岁	62.80	39.84	1.26	1.94	1.54
50～60 岁	66.49	34.02	2.95	0.62	0.98
60 岁以上	60.33	30.28	0.55	0.50	0.27

（续）

群体特征	纯牛奶类	酸奶类	奶粉	奶酪	乳脂肪类
小学及以下	79.18	20.70	0.35	0.03	0.00
初中	49.92	29.17	0.02	1.06	0.81
高中及中专	62.81	33.37	2.07	1.56	1.33
大学及大专	51.90	35.71	2.04	1.19	1.47
研究生及以上	56.62	28.51	3.08	1.85	0.75
朝阳区	52.29	31.59	2.50	0.81	1.16
西城区	49.79	26.54	0.61	0.24	0.85
东城区	73.74	51.53	2.96	3.33	1.38
海淀区	61.02	23.58	2.25	0.71	2.72
石景山区	42.48	27.18	0.56	1.12	0.45
丰台区	52.86	34.07	3.41	1.61	1.57
大兴区	63.64	46.68	1.45	2.03	1.18
昌平区	45.40	22.76	1.78	0.41	0.49
0.5 万元以下	63.44	36.36	0.22	0.08	1.05
0.5 万～1 万元	51.28	25.84	0.24	1.72	0.59
1 万～1.5 万元	49.20	36.24	1.89	1.27	2.16
1.5 万～2 万元	53.91	32.55	2.56	1.47	1.09
2 万元以上	62.91	34.09	2.98	1.17	0.81

资料来源：北京市城镇居民乳制品消费调查数据。

城镇居民乳制品消费水平随年龄分布的上升先增后降。其中，20 岁以下人群对酸奶类产品和奶粉的消费水平分别为 19.17 千克/年和 0.21 千克/年，60 岁以上人群对乳脂肪类产品和奶酪的消费水平分别为 0.27 千克/年和 0.50 千克/年，均处于最低消费水平。30～50 岁人群的乳制品消费水平较高，是乳制品消费的主要人群。

随着教育水平的上升，干乳制品消费水平逐渐提高。研究生学历以上人群对奶粉和奶酪的消费水平分别为 3.08 千克/年和 1.85 千克/年，大学及大专学历人群对乳脂肪类产品的消费水平约为 1.47 千克/年，均在乳制品消费中占比最高，可见高学历人群为干乳制品的主要消费人群。

东城区乳制品消费水平相对较高，石景山区相对较低。东城区对纯牛奶类产品、酸奶类产品和奶酪的人均消费水平分别达到 73.74 千克/年、51.53 千克/年和 3.33 千克/年，均处于最高消费水平，可见东城区城镇居民的乳制品消费现状较好，尤其是液态奶产品消费。而石景山区城镇居民的乳制品消费水平相对较低，其纯牛奶类产品、奶粉和乳脂肪类产品的消费水平仅达到 42.48 千克/年、0.56 千克/年和 0.45 千克/年，人均乳制品消费能力有待提高。

低收入人群更加倾向液态奶产品消费。家庭月收入 0.5 万元以下的城镇居民对纯牛奶类产品和酸奶产品的消费水平分别达到 63.44 千克/年和 36.36 千克/年，但对奶粉和奶酪的消费水平仅为 0.22 千克/年和 0.08 千克/年，可见低收入者的乳制品消费以液态奶产品为主。

2. 液态奶产品消费水平

从城镇居民液态奶产品消费水平方面来看（表 7），女性人群更倾向于低温奶产品消费，这一点与前文液态奶产品消费结构分析结论相符合，女性人群对巴氏杀菌奶和低温酸奶的消费水平分别达到 16.68 千克/年和 21.34 千克/年。

表 7　不同群体特征液态奶产品消费水平

单位：千克/年

群体特征	巴氏杀菌奶	超高温灭菌奶	低温酸奶	常温酸奶
男性	12.29	38.27	17.85	14.97
女性	16.68	42.52	21.34	11.95
20 岁以下	6.54	36.07	12.56	6.61
20～30 岁	8.42	31.96	20.73	13.24
30～40 岁	22.95	45.13	21.87	11.71
40～50 岁	25.90	36.90	25.13	14.71
50～60 岁	11.07	55.42	21.35	12.67
60 岁以上	11.42	48.91	10.97	19.31
小学及以下	5.45	73.72	4.50	16.20
初中	6.56	43.36	12.57	16.60
高中及中专	11.22	51.58	21.51	11.86
大学及大专	15.53	36.37	21.75	13.96
研究生及以上	22.67	33.95	18.83	9.68

（续）

群体特征	巴氏杀菌奶	超高温灭菌奶	低温酸奶	常温酸奶
朝阳区	20.39	31.90	20.21	11.39
西城区	13.19	36.60	8.12	18.43
东城区	18.75	54.99	31.81	19.72
海淀区	10.17	50.86	14.35	9.23
石景山区	13.24	29.24	16.08	11.10
丰台区	17.39	35.48	23.05	11.02
大兴区	15.44	48.20	30.25	16.43
昌平区	8.51	36.89	13.82	8.94
0.5 万元以下	5.79	57.66	24.35	12.02
0.5 万～1 万元	11.77	39.52	16.10	9.74
1 万～1.5 万元	9.51	39.68	18.87	17.37
1.5 万～2 万元	16.59	37.32	19.89	12.66
2 万元以上	22.28	40.62	21.68	12.41

资料来源：北京市城镇居民乳制品消费调查数据。

低温奶产品消费水平随年龄分布的上升先增后降，常温奶产品消费整体呈上升趋势。随着年龄的上升，城镇居民对巴氏杀菌奶和低温酸奶的消费水平呈倒 U 形趋势，最高消费水平均出现在 40～50 岁人群，分别达到 25.90 千克/年和 25.13 千克/年。常温奶产品中则随着年龄的上升整体上也呈现出上升趋势，超高温灭菌奶和常温酸奶的最高消费水平则出现在 50～60 岁人群以及 60 岁以上人群中，分别达到 55.42 千克/年和 19.31 千克/年。

随着教育和收入水平的上升，低温奶产品消费水平整体呈上升趋势，常温奶产品消费有所下降。整体而言，城镇居民对巴氏杀菌奶和低温酸奶的消费水平均随教育和收入水平的上升而上升。其中，巴氏杀菌奶的最高消费水平出现在研究生以上学历和家庭月收入 2 万元以上人群中，分别达到 22.67 千克/年和 22.28 千克/年；低温酸奶的最高消费水平出现在大学及大专学历和家庭月总收入 0.5 万元以下人群中，分别达到 21.75 千克/年和 24.35 千克/年；巴氏杀菌奶的消费增长趋势更加明显。常温奶产品中，城镇居民对超高温灭菌奶和常温酸奶的消费水平均随教育和收入水平的上升而有所下降。其中，超高温灭菌奶的最高消费水平出现在小学及以下学历和家庭月收入 0.5 万元以下人群中，分别达到 73.72 千克/年和 57.66 千克/年；常温酸奶的最高消费水平出现在初中学历和家庭月收入为 1 万～1.5 万元人群中，分别达到 16.60 千克/年和 17.37 千克/年；超高温灭菌奶的消费下降幅度更大。

东城区液态奶产品消费能力较强，朝阳区纯牛奶类产品消费较为均衡，这一点与前文液态奶产品消费结构分析结论相符合。东城区对超高温灭菌奶、低温酸奶和常温酸奶的消费水平分别达到 54.99 千克/年、31.81 千克/年和 19.72 千克/年，均处于最高消费水平。朝阳区城镇居民对巴氏杀菌奶和超高温灭菌奶的消费水平分别达到 20.39 千克/年和 31.90 千克/年，二者间的差距较小，巴氏杀菌奶的消费能力较强，纯牛奶类产品消费相对均衡。

（六）小结

目前，北京市城镇居民对液态奶产品的消费普及率较高，尤其是纯牛奶类产品；低温奶产品消费主要以低温酸奶为主，巴氏杀菌奶消费明显不足。纯牛奶类产品中，虽然巴氏杀菌奶的购买频率较高，但其他指标均低于超高温灭菌奶，可见超高温灭菌奶在液态奶消费结构中占主要地位。酸奶类产品中，城镇居民更倾向于低温酸奶。乳脂肪类产品和奶酪的消费现状不及奶粉，消费普及率有待提高。

不同群体特征分布下，女性人群对各乳制品的接受能力较强，消费普及率较高，更偏爱新鲜、休闲和高品质的乳制品；男性人群则更倾向于携带方便、存储简单的乳制品。此外，女性人群会有意识地控制对奶酪和乳脂肪类产品的消费量。随着年龄的上升，城镇居民对低温奶产品的消费水平先增后降，常温奶产品则呈上升趋势。老年人群对方便囤积、易于储存的超高温灭菌奶具有较强的消费集中性，由于肠胃功能的减弱，老年人群也会明显减少对干乳制品的消费。区域分布方面，靠近规模化奶牛养殖场的大兴区乳制品消费普及率较高，但东城区的人均消费能力更为突出。巴氏杀菌奶、奶酪和乳脂肪类产品在高收入群体中的消费比例较高，消费结构相对均衡。可见，北京市城镇居民的乳制品消费结构和水平在不同群体特征分布下具有差异，但这种差异是否具有统计学意义，则还需进一步实证分析。

二、北京市城镇居民乳制品消费偏好分析

在掌握北京市城镇居民的乳制品消费结构和水平后，本部分对城镇居民的乳制品消费偏好进行汇总整理，主要包括在同收入条件下城镇居民对乳制品的消费意愿分析、消费品牌偏好、消费包装偏好及其选择原因、消费渠道选择及其考虑因素、信息获取渠道及其信任情况、质量安全态度与判别因素、质量安全关注及责任归属问题以及目前城镇居民的乳制品消费是否还受“三聚氰胺”事件所影响，较为全面地反映北京市城镇居民对各类乳制品的消费行为。

（一）不同群体特征下乳制品消费意愿分析

1. 收入提高条件下乳制品购买意愿

若未来收入提高，超半数以上的城镇居民对目前各类乳制品的购买意愿将保持不变。如表 8 所示，液态奶产品中，酸奶类产品的购买意愿更为明显，愿意增加购买量的城镇居民达到样本总体的 23.70%；干乳制品中，乳脂肪和奶酪的购买意愿较高，但接近 30%的城镇居民表示无法明确表示对这两种乳制品的购买意愿。可见在收入提高条件下，城镇居民对乳制品的购买意愿整体相对保守。

表 8　收入提高条件下乳制品购买意愿

单位：%

产品类别	增加	不变	减少	不确定
纯牛奶类	20.59	58.22	1.78	19.41
酸奶类	23.70	61.63	2.03	12.64
奶粉	8.98	61.98	2.40	26.65
奶酪	14.89	55.62	1.52	27.96
乳脂肪类	11.88	56.08	1.93	30.11

资料来源：北京市城镇居民乳制品消费调查数据。

表9展示的是不同群体特征下，城镇居民在收入提高条件下愿意对低温奶产品、奶酪和乳脂肪类产品增加购买量的倾向程度。从性别分布来看，女性人群对乳制品的购买意愿超过男性。男性人群仅对低温酸奶的倾向程度高于女性，约为22.28%，但对乳脂肪类产品的倾向程度较低，仅达到8.81%。女性人群对低温奶产品、奶酪和乳脂肪类产品展现了较强的购买欲望。

表9 不同群体特征下收入提高时乳制品购买意愿增加倾向程度

单位：%

群体特征	巴氏杀菌奶	低温酸奶	奶酪	乳脂肪类
男性	15.03	22.28	10.36	8.81
女性	16.00	21.33	12.89	11.56
20岁以下	3.45	20.69	24.14	17.24
20～30岁	20.71	27.86	12.14	11.43
30～40岁	14.56	22.33	10.68	9.71
40～50岁	13.73	21.57	15.69	11.76
50～60岁	28.21	28.21	15.38	15.38
60岁以上	3.57	1.79	0.00	0.00
小学及以下	5.88	5.88	5.88	5.88
初中	7.69	20.51	10.26	12.82
高中及中专	23.08	30.77	20.00	15.38
大学及大专	13.98	19.49	10.17	8.90
研究生及以上	21.31	26.23	11.48	9.84
朝阳区	13.46	15.38	9.62	13.46
西城区	16.67	22.22	11.11	12.96
东城区	24.53	26.42	18.87	20.75
海淀区	13.73	13.73	9.80	5.88
石景山区	5.88	9.80	1.96	1.96
丰台区	19.23	21.15	9.62	5.77
大兴区	18.87	39.62	28.30	15.09
昌平区	11.54	25.00	3.85	5.77

（续）

群体特征	巴氏杀菌奶	低温酸奶	奶酪	乳脂肪类
0.5 万元以下	25.93	37.04	22.22	25.93
0.5 万～1 万元	11.11	19.44	8.33	9.72
1 万～1.5 万元	18.26	27.83	16.52	13.91
1.5 万～2 万元	10.99	18.68	10.99	8.79
2 万元以上	16.81	15.93	7.08	4.42

资料来源：北京市城镇居民乳制品消费调查数据。

随着年龄的提高，城镇居民对低温奶产品的购买意愿大致呈上升趋势，奶酪和乳脂肪类产品则相对下降。其中，50～60 岁人群对巴氏杀菌奶和低温酸奶的倾向程度相对较强，均达到 28.21%；20 岁以下人群对乳脂肪类产品和奶酪的倾向程度分别达到 17.24%和 24.14%，均为各年龄层的最高值。

城镇居民对乳制品的购买意愿随教育水平的上升先增后降。其中，高中学历人群对巴氏杀菌奶、低温酸奶、乳脂肪类和奶酪的倾向程度分别达到 23.08%、30.77%、15.38%和 20.00%，均为各教育水平分布下的最高值。此外，研究生以上学历群人对低温奶产品的倾向程度仅次于高中学历人群，可见高学历人群更偏爱低温奶产品。

大兴区和东城区的乳制品购买意愿相对较强，石景山区相对较弱。大兴区人群对低温酸奶和奶酪的倾向程度分别达到 39.62%和 28.3%，东城区对巴氏杀菌奶和乳脂肪类产品的倾向程度分别达到 24.53%和 20.75%，石景山区对各类乳制品的倾向程度均未超过 10%。可见低温奶产品、奶酪和乳脂肪类产品在大兴区和东城区的消费前景较好。

随着收入水平的提高，城镇居民对乳制品的购买意愿逐渐下滑。家庭月收入在 0.5 万元以下的城镇居民对巴氏杀菌奶、低温酸奶、乳脂肪类产品和奶酪的倾向程度分别达到 25.93%、37.04%、25.93%和 22.22%，均为各收入水平分布下的最高值。由于高收入人群的自身经济实力较强，因此即使是在收入提高条件下，该类人群对乳制品的购买意愿仍将保持常态，而低收入人群在收入增长时，会引发报复性消费行为，因此在收入提高条件下展现的乳制品购买意愿更强。

2. 收入不变条件下乳制品支付溢价意愿

（1）支付意愿及倾向程度分析。若未来收入不变，将近半数的城镇居民不会为了奶酪和乳脂肪类产品而支付更高的价格，如表10所示，愿意为高品质的纯牛奶类产品和酸奶类产品而支付更高价格的城镇居民均超过30%；干乳制品中，奶酪和乳脂肪类产品的支付意愿则接近20%。整体来看，在收入不变条件下，城镇居民对高品质的液态奶产品支付意愿更强。

表10　收入不变条件下对高品质乳制品的支付意愿

单位：%

产品类别	支付	不支付	不确定
纯牛奶类	30.36	46.28	23.35
酸奶类	30.77	47.32	21.91
奶粉	23.40	53.50	23.10
奶酪	20.87	47.35	31.78
乳脂肪类	19.71	49.28	31.01

资料来源：北京市城镇居民乳制品消费调查数据。

表11展示的是不同群体特征下，城镇居民在收入不变条件下愿意为高品质的低温奶产品、奶酪和乳脂肪类产品而支付更高价格的意愿倾向程度。从性别来看，男性人群对高品质的低温酸奶具有较强的支付意愿，女性人群则对奶酪的倾向程度较高。约有31.61%的男性人群愿意为高品质的低温酸奶支付更高的价格，而女性人群对奶酪的支付倾向程度则达到16.89%，男性与女性人群对巴氏杀菌奶和乳脂肪类产品的支付倾向程度无较大差别。

表11　不同群体特征下收入不变时高品质乳制品消费支付意愿倾向

单位：%

群体特征	巴氏杀菌奶	低温酸奶	奶酪	乳脂肪类
男性	20.73	31.61	15.03	16.06
女性	20.89	26.22	16.89	16.44

（续）

群体特征	巴氏杀菌奶	低温酸奶	奶酪	乳脂肪类
20 岁以下	10.34	41.38	10.34	17.24
20～30 岁	20.71	31.43	17.14	16.43
30～40 岁	28.16	28.16	16.50	18.45
40～50 岁	25.49	33.33	25.49	21.57
50～60 岁	15.38	23.08	10.26	10.26
60 岁以上	12.50	16.07	10.71	10.71
小学及以下	5.88	5.88	5.88	5.88
初中	10.26	17.95	7.69	10.26
高中及中专	18.46	29.23	15.38	12.31
大学及大专	23.73	33.90	18.64	19.49
研究生及以上	22.95	21.31	14.75	14.75
朝阳区	17.31	11.54	11.54	13.46
西城区	7.41	11.11	11.11	11.11
东城区	32.08	41.51	26.42	32.08
海淀区	27.45	29.41	15.69	17.65
石景山区	13.73	21.57	9.80	7.84
丰台区	21.15	30.77	11.54	11.54
大兴区	35.85	50.94	35.85	30.19
昌平区	11.54	32.69	5.77	5.77
0.5 万元以下	25.93	25.93	11.11	11.11
0.5 万～1 万元	12.50	20.83	9.72	11.11
1 万～1.5 万元	21.74	33.91	17.39	20.00
1.5 万～2 万元	24.18	28.57	20.88	18.68
2 万元以上	21.24	29.20	15.93	15.04

资料来源：北京市城镇居民乳制品消费调查数据。

40～50 岁人群对对奶酪和乳脂肪类产品的支付倾向程度分别达到 25.49%和 21.57%；巴氏杀菌奶和低温酸奶的最高支付倾向则集中在 30～40 岁人群和 20 岁以下人群中，分别达到 28.16%和 41.38%。整体来看，40～50 岁人群对奶酪和乳脂肪类产品的价格接受能力较高，年轻人群对低温酸奶的支付倾向更强。

随着教育水平的上升，城镇居民对奶酪和乳脂肪类产品的支付意愿也逐渐提升。大学及大专学历的城镇居民对各类乳制品的支付倾向程度均为各教育水平下的最高值，该类人群对巴氏杀菌奶、低温酸奶、乳脂肪类产品和奶酪的支付倾向程度分别达到 23.73%、33.90%、19.49%和 18.64%。

西城区和昌平区对高品质乳制品的支付意愿相对较低。西城区对巴氏杀菌奶和低温酸奶的支付倾向程度分别为 7.41%和 11.11%，昌平区对乳脂肪类产品和奶酪的支付倾向程度均为 5.77%，分别是各支付意愿倾向中的最低值。大兴区和东城区的支付倾向程度相对较高，城镇居民愿意为了更高品质的乳制品而支付更高的价格。

家庭月收入在 1 万～2 万元的城镇居民对高品质乳制品的支付意愿相对较高。其中，月收入为 1 万～1.5 万元的城镇居民对低温酸奶和乳脂肪类产品的支付倾向程度分别达到 33.91%和 20.00%，月收入为 1.5 万～2 万元的城镇居民对奶酪的支付倾向程度达到 20.88%。高收入群体对各类高品质乳制品的支付倾向程度相对均衡，因此整体的消费支付意愿较高。

（2）支付溢价水平。如表 12 所示，城镇居民对各类高品质乳制品的支付溢价水平均为原价格基础上的 15%以下。其中，纯牛奶类产品、酸奶类产品和奶粉的最高支付溢价水平达到 45%以上，所占比分别达到 2.05%、1.53%和 2.25%，但奶酪和乳脂肪类产品最高支付溢价水平仅

表 12　对高品质乳制品的支付溢价水平

单位：%

产品类别	15%以下	15%～30%	30%～45%	45%以上	不确定
纯牛奶类	61.64	26.71	0.68	2.05	8.90
酸奶类	64.12	25.95	2.29	1.53	6.11
奶粉	70.79	21.35	1.12	2.25	4.49
奶酪	73.02	15.87	1.59	0.00	9.52
乳脂肪类	70.15	20.90	1.49	0.00	7.46

资料来源：北京市城镇居民乳制品消费调查数据。

在30%～45%的范围内，占比分别达到1.59%和1.49%。可见城镇居民对液态奶产品的支付溢价接受能力更强，而奶酪和乳脂肪类产品原本的市场价格就要高于其他乳制品，也不像奶粉拥有固定的消费人群，因此城镇居民对这两类产品的支付溢价接受能力较弱。

（二）乳制品消费品牌与包装偏好

1. 品牌偏好

如表13所示，城镇居民对液态奶产品的品牌偏好主要集中在蒙牛、伊利和三元这三大品牌中，纯牛奶类产品倾向于蒙牛品牌，而酸奶类产品则倾向于伊利品牌。干乳制品中，虽然城镇居民对国产的飞鹤奶粉选择较多，但所占比例仅为10.4%，可见品牌集中性不强，但国产奶粉的地位已经得到提升；乳脂肪类产品主要集中于雀巢、新西兰安佳和法国总统三大品牌，奶酪则集中于新西兰安佳和妙可蓝多品牌，但由于奶酪在我国仍未形成固定的消费习惯，因此也有19.44%的城镇居民在购买时没有注意过品牌信息。不难看出，在奶酪和乳脂肪类产品消费市场中，新西兰安佳品牌较受城镇居民喜爱，但国产品牌的市场渗透率亟待提高。

表13 乳制品消费品牌选择偏好

单位：%

产品类别	品牌1	品牌2	品牌3
纯牛奶类	蒙牛 29.80	三元 28.03	伊利 27.78
酸奶类	伊利 32.40	蒙牛 29.32	三元 18.21
奶粉	飞鹤 10.40	雀巢 8.80	伊利 8.00
奶酪	新西兰安佳 27.78	没注意过品牌 19.44	妙可蓝多 17.59
乳脂肪类	雀巢 22.98	新西兰安佳 22.98	法国总统 11.18

注：各选项按比例降序排列，为便于展示，只选取前三项结果。

资料来源：北京市城镇居民乳制品消费调查数据。

2. 包装偏好

（1）包装的体积与选择原因。如表14所示，除奶粉外，城镇居民在选购乳制品时更偏爱小包装产品。城镇居民在购买奶粉产品时以500～1 000克的大包装产品为主，所占比例达到32.91%，1 000克以上超大包装的所占比也达到了27.85%。奶粉产品的保质期相对较长，耐储存，因此城镇居民更愿意囤积。其余品类的乳制品则均倾向于250毫升或250克以下的小包装产品，这一点在液态奶产品中体现得较为突出。奶酪和乳脂肪类产品由于产品特性和食用频率等问题，接近10%的城镇居民在选购时处于“无固定”状态。

表14　乳制品消费包装体积选择偏好

单位：%

产品类别	超大包装	大包装	中等包装	小包装	无固定
纯牛奶类	7.95	7.18	19.23	63.33	2.31
酸奶类	3.85	5.77	18.41	68.96	3.02
奶粉	27.85	32.91	16.46	16.46	6.33
奶酪	4.26	7.45	18.09	59.57	10.64
乳脂肪类	4.63	7.41	21.30	56.48	10.19

注：超大包装=1升或1 000克以上；大包装=500～1 000毫升或500～1 000克；中等包装=250～500毫升或250～500克；小包装=250毫升或250克以下。

资料来源：北京市城镇居民乳制品消费调查数据。

表15展示的是城镇居民对各类乳制品的包装体积偏好的选择原因。城镇居民对于液态奶产品偏爱小包装的主要原因是“体积合适，便于携带”和“基于个人及家中人口食用情况考虑”，所占比例分别超过30%和40%；对奶粉偏爱大包装的主要原因是“性价比高，便宜实惠”“所买产品只有此种包装”和“基于个人及家中人口食用情况考虑”，所占比例均达到27.59%；对于奶酪和乳脂肪类产品也偏爱小包装的主要原因是“基于个人及家中人口食用情况考虑”和“所买产品只有此种包装”，所占比例分别达到26.76%和34.43%。整体来看，人口因素是城镇居民在选购乳制品时均会考虑的重要因素。除此之外，液态奶产品会侧重于携带便利性，而奶粉产品还会考虑到性价比的问题。

表 15　乳制品消费包装体积选择原因

单位：%

选择原因	纯牛奶类	酸奶类	奶粉	奶酪	乳脂肪类
性价比高，便宜实惠	16.41	8.52	27.59	8.20	11.27
体积合适，便于携带	42.86	42.90	6.90	18.03	18.31
所买产品只有此种包装	1.82	6.31	27.59	21.31	22.54
基于个人及家中人口食用情况考虑	31.31	35.33	27.59	34.43	26.76
基于乳制品保存期限考虑	5.47	3.79	3.45	11.48	12.68
无特殊原因	2.13	3.15	6.90	6.56	8.45

资料来源：北京市城镇居民乳制品消费调查数据。

（2）包装类型与材料选择偏好。如表 16 所示，城镇居民在选购液态奶产品时，主要以各类利乐包装为主。其中，纯牛奶类产品倾向于砖型利乐包和枕型利乐包，所占比例分别为 32.31%和 14.98%；虽然酸奶类产品更多地会选择塑料包装，但利乐钻和利乐冠包装的所占比例仍然靠前。由表 17 可知城镇居民在选购奶粉时通常都会选择大包装产品，因此市场

表 16　乳制品消费包装类型与材料选择偏好

单位：%

产品类别	包装 1	包装 2	包装 3
纯牛奶类	砖型利乐包	枕型利乐包	百利包
	32.31	14.98	11.55
酸奶类	塑料杯/盒/碗	利乐钻	利乐冠
	24.26	22.40	13.84
奶粉	金属罐装	塑料袋装	—
	44.94	31.46	—
奶酪	塑料袋装	纸盒装	—
	47.44	15.38	—
乳脂肪类	纸盒装	铝箔复合材料	—
	31.86	30.09	—

注：各选项按比例降序排列，为便于展示，只选取前两项或前三项结果。

资料来源：北京市城镇居民乳制品消费调查数据。

上常见的大包装金属罐装的选择比例达到44.94%；其次是塑料袋装产品，约占31.46%。奶酪和乳脂肪类产品的包装类型和材料选择偏好集中性较强，奶酪产品倾向于塑料袋装，乳脂肪类产品倾向于纸盒包装，所占比例分别达到47.44%和31.86%。

表17展示了各类液态奶产品的包装类型与材料选择偏好。纯牛奶类产品中的巴氏杀菌奶与超高温灭菌奶的选择偏好差别较大，城镇居民在选购巴氏杀菌奶时更倾向于玻璃瓶包装，而常温奶产品仍以砖型利乐包为主，两者比例分别达到25.58%和43.4%。酸奶类产品中的低温酸奶方面，约有9.43%的城镇居民倾向于爱克林壶型包装，这种新型包装在近几年迅速流行，所占比例仅次于塑料杯/盒/碗和利乐冠。常温酸奶中有超过半数的城镇居民选择了利乐钻包装，可见常温酸奶的包装类型与材料选择偏好性较为集中。

表17　液态奶产品消费包装类型与材料选择偏好

单位：%

认态奶产品	包装1	包装2	包装3
巴氏杀菌奶	玻璃瓶	屋顶包	透明袋装
	25.58	18.60	13.95
超高温灭菌奶	砖型利乐包	枕型利乐包	百利包
	43.40	21.07	11.68
低温酸奶	塑料杯/盒/碗	利乐冠	爱克林壶型包装
	34.24	20.10	9.43
常温酸奶	利乐钻	塑料杯/盒/碗	塑料瓶
	53.14	13.65	6.27

注：各选项按比例降序排列，为便于展示，只选取前三项结果。

资料来源：北京市城镇居民乳制品消费调查数据。

（三）乳制品消费渠道及信息获取状况

1. 主要消费渠道与考虑因素

（1）主要消费渠道。如表18所示，大型商超是城镇居民选购乳制品的主要消费渠道。液态奶产品的消费渠道具有一致性，其主要消费渠道均是“大型商超”“连锁便利店”和“网络平台”。干乳制品中，“网络平台”

表 18 乳制品主要消费渠道偏好

单位：%

产品类别	渠道 1	渠道 2	渠道 3
纯牛奶类	大型商超	连锁便利店	网络平台
	60.23	15.20	14.26
酸奶类	大型商超	连锁便利店	网络平台
	59.84	21.27	9.54
奶粉	大型商超	网络平台	人工代购
	61.11	18.89	10.00
奶酪	大型商超	网络平台	连锁便利店
	70.75	20.75	5.66
乳脂肪类	大型商超	网络平台	连锁便利店
	70.37	19.44	6.48

注：各选项按比例降序排列，为便于展示，只选取前三项结果。

资料来源：北京市城镇居民乳制品消费调查数据。

的选择比例超过“连锁便利店”，且约有 10%的城镇居民在购买奶粉时会选择“人工代购”。整体来看，大型商超的消费集中性较强，连锁便利店更适合销售液态奶产品，网络平台正逐渐被城镇居民认可。

（2）消费渠道考虑因素。表 19 展示的是城镇居民是否在“大型商超”“连锁便利店”和“网络平台”消费渠道购买过乳制品及其原因。约有

表 19 乳制品主要消费渠道考虑因素

单位：%

主要渠道	是否购买过		考虑因素 1	考虑因素 2	考虑因素 3
大型商超	是	96.65	地理位置	产品质量	产品类型
			36.42	34.68	15.05
	否	3.35	地理位置	产品质量	产品类型
			62.50	25.00	12.50
连锁便利店	是	62.68	地理位置	结账便捷程度	产品质量
			58.99	11.65	11.14
	否	37.32	地理位置	产品质量	产品类型
			57.06	19.21	7.34

（续）

主要渠道	是否购买过		考虑因素1	考虑因素2	考虑因素3
网络平台	是	37.32	送货上门	产品类型丰富	价格实惠
			38.73	17.14	16.19
	否	62.68	产品质量	不使用网络	运输成本
			53.53	21.93	9.67

注：各选项按比例降序排列，为便于展示，只选取前三项结果。

资料来源：北京市城镇居民乳制品消费调查数据。

96.65%的城镇居民在“大型商超”购买过乳制品，拥有较强的消费倾向程度，不论是否在“大型商超”购买过乳制品，城镇居民考虑的因素均为“地理位置”“产品质量”和“产品类型”。约有62.68%的城镇居民在“连锁便利店”购买过乳制品，除了“地理位置”和“产品质量”因素外，11.65%的城镇居民对“结账便捷程度”予以关注。“网络平台”的使用率仅占37.32%，城镇居民在该渠道选购乳制品时主要看重的是产品的“送货上门服务”以及平台常有的满减、打折促销等“价格优惠”因素；未在网络平台购买过的城镇居民主要担心“产品质量”和“运输成本”问题，21.93%的城镇居民因“不使用网络”而不在该平台购买乳制品。

2. 信息获取渠道及信任状况

如图2所示，城镇居民主要通过“线下活动”和“电视广播”来获取

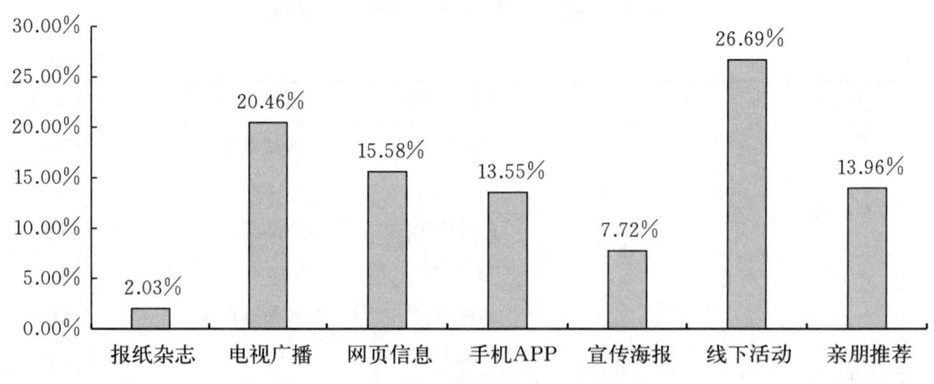

图2 乳制品消费信息获取渠道

资料来源：北京市城镇居民乳制品消费调查数据。

有关乳制品的相关信息，所占比例分别达到 26.69%和 20.46%。其次，“网页信息”“亲朋推荐”和“手机 App”也是重要的信息获取渠道。“线下活动”较为直观，信息输出十分直接；移动信息平台也已经成为城镇居民日常生活中重要的信息载体。

如图 3 所示，32.14%的城镇居民信任“政府部门”发布的乳制品信息；其次是“专业测评机构”，所占比例达到 20.52%；城镇居民对“民间测评”信息渠道的信任程度最低，仅达到 4.59%。可见城镇居民对权威机构发布的乳制品信息十分信任。

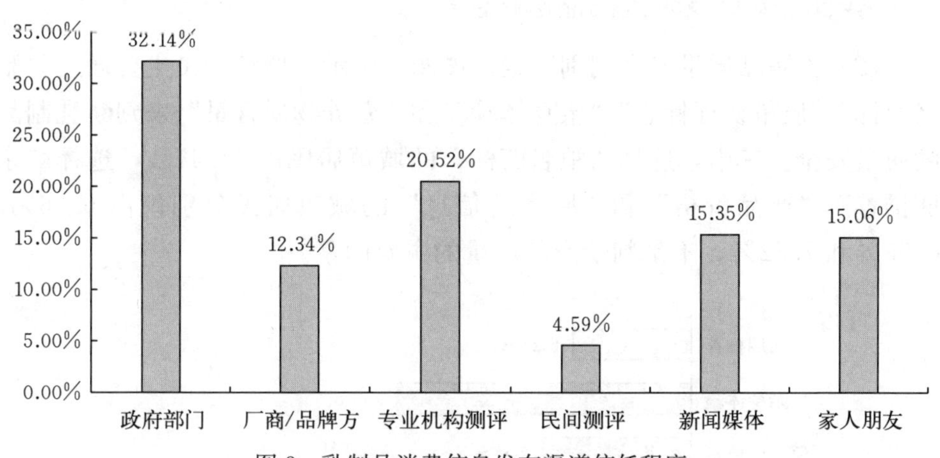

图 3 乳制品消费信息发布渠道信任程度

资料来源：北京市城镇居民乳制品消费调查数据。

(四) 乳制品质量安全问题态度与关注

1. 质量安全态度与判别因素

(1) 乳制品质量安全态度。乳制品的质量安全问题一直以来都备受瞩目，表 20 显示，超过半数的城镇居民认为目前市场上的乳制品质量安全属于“比较可靠”和“十分可靠”。其中，城镇居民对液态奶产品的质量安全态度较好，但是仍有 3.25%的城镇居民对奶粉的质量安全表示“十分担忧”。对于奶酪和乳脂肪类产品，分别有 26.20%和 29.05%的城镇居民“不清楚”其产品的质量安全情况，可见其消费认知推广和信息科普工作有待加强。

表 20 乳制品质量安全态度

单位：%

产品类别	十分可靠	比较可靠	一般	比较担忧	十分担忧	不清楚
纯牛奶类	30.57	35.02	11.94	2.63	1.42	18.42
酸奶类	33.74	40.29	13.59	2.91	1.70	7.77
奶粉	22.49	31.66	18.34	8.88	3.25	15.38
奶酪	24.10	31.63	13.25	2.71	2.11	26.20
乳脂肪类	20.95	32.96	12.57	2.79	1.68	29.05

资料来源：北京市城镇居民乳制品消费调查数据。

（2）乳制品质量安全判别因素。如图 4 所示，城镇居民主要通过“驰名商标”“质量认证标志”“亲身体验”和“营养物质含量”来判断乳制品的质量安全。其中，选择“驰名商标”的城镇居民占 31.41%，选择“亲朋推荐”“产品价格”和“原产地信息”的城镇居民分别仅占 6.26%、6.98%和 7.82%，不是判断产品质量的主要因素。

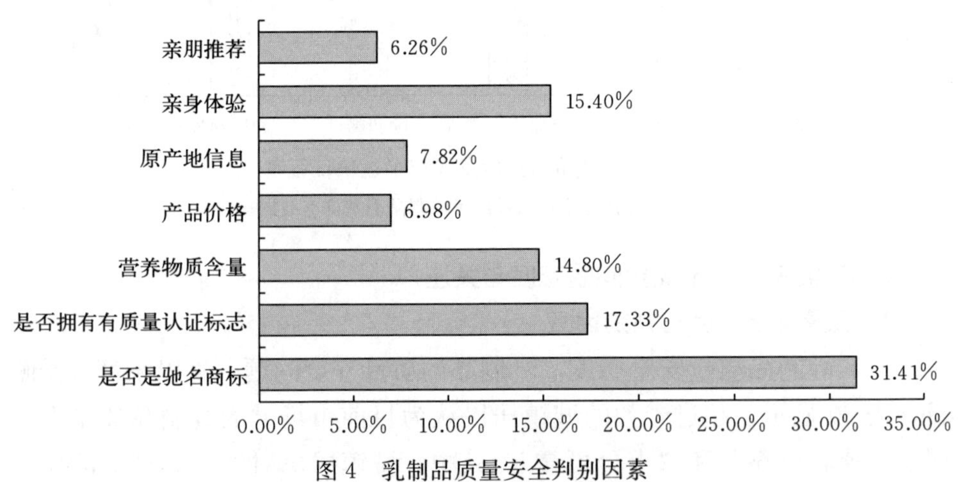

图 4 乳制品质量安全判别因素

资料来源：北京市城镇居民乳制品消费调查数据。

2. 质量安全关注与责任归属问题

如图 5 所示，在考察乳制品质量安全担忧的问题中，担心有害物质是否超标的城镇居民达到 18.21%，添加物是否安全可靠约占 17.7%。值得

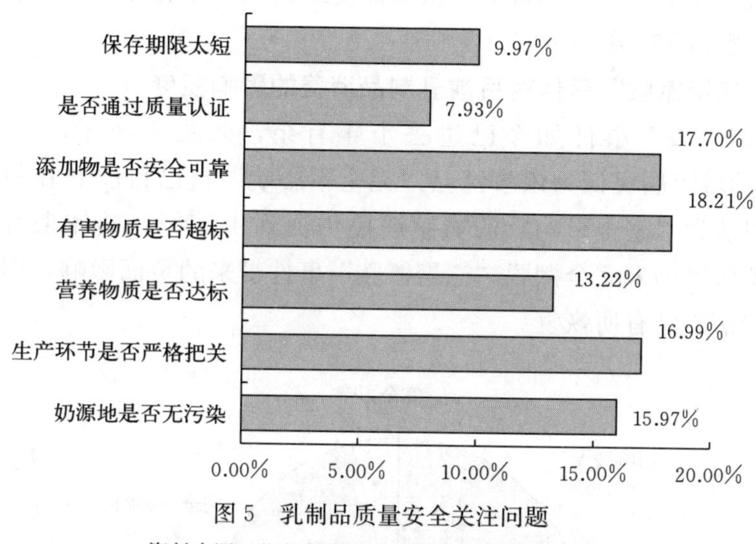

图 5　乳制品质量安全关注问题

资料来源：北京市城镇居民乳制品消费调查数据。

注意的是，城镇居民对乳制品是否通过质量认证的问题关注较少，所占比例仅为 7.93%。可见在质量安全的关注问题中，城镇居民对乳制品的品质问题关注度较高。

如图 6 所示，城镇居民更希望由权威部门来对乳制品的质量安全负责。约有 42.23%的城镇居民认为提高乳制品的质量安全应靠政府部门监

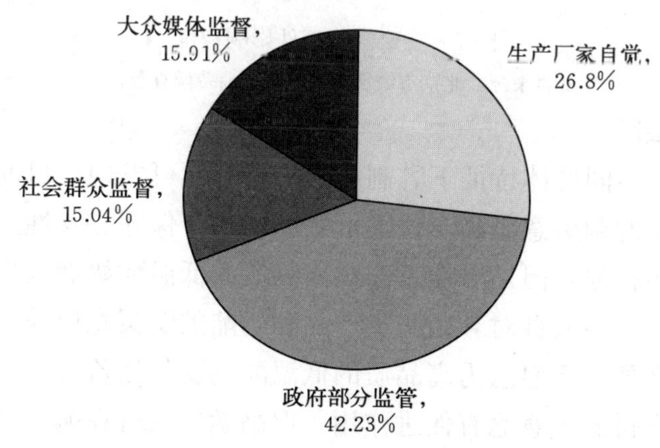

图 6　乳制品质量安全责任归属问题

资料来源：北京市城镇居民乳制品消费调查数据。

管，其次则靠生产厂家的自觉。认为需要靠大众媒体和社会群众监督的城镇居民分别占15.91%和15.04%。

3. “三聚氰胺”事件对目前乳制品消费的影响程度

“三聚氰胺”事件如今已过去十年有余，如图7所示，当前约有29.43%的城镇居民认为该事件已“完全不影响”自己目前的乳制品消费行为，但认为“完全影响”的城镇居民仍占到4.31%。整体来看，虽然我国城镇居民仍未完全摆脱“三聚氰胺”事件带来的负面影响，但对乳制品的消费信心已有所恢复。

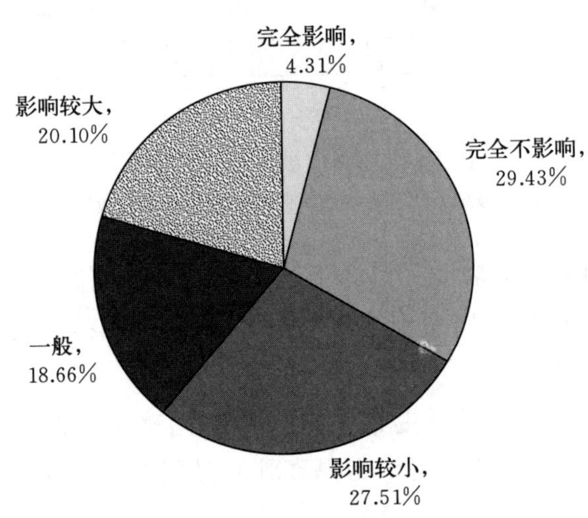

图7　三聚氰胺事件影响程度

资料来源：北京市城镇居民乳制品消费调查数据。

（五）小结

通过分析不同群体特征下乳制品的消费意愿可发现，目前北京市城镇居民对乳制品的购买意愿和支付溢价意愿均趋于保守。女性人群整体的乳制品消费意愿较强，但是男性人群对高品质的低温酸奶展现出了更强的支付溢价意愿。年轻人群对乳脂肪类产品和奶酪的购买意愿较强，但其支付溢价意愿不强烈，更愿意为高品质的低温酸奶支付溢价。教育水平对高品质乳制品的支付溢价意愿有促进作用，但高学历人群在购买意愿方面较为理智。大兴区和东城区的乳制品购买意愿相对较强，西城区和昌平区对高品质乳制品的支付溢价意愿相对较弱。收入水平是影响城镇居民对低温奶产品、奶酪和乳脂肪类产品消费意愿的重要因素，低收入人群在收入提高条件下展现出的乳制品购买意愿较强，高收入人群对各类高品质乳制品的支付溢价意愿相对均衡。

消费品牌与包装偏好方面，液态奶产品以国内品牌为主，分别是蒙牛、伊利和三元；奶粉的品牌集中性不强，但国产奶粉的市场份额有所提高；奶酪和乳脂肪类产品以外国品牌为主，新西兰安佳品牌的市场覆盖率较高。城镇居民在选购液态奶产品、奶酪和乳脂肪类产品时均倾向于小包装产品，奶粉则偏爱大包装，人口因素是在选购时均会考虑的重要因素；城镇居民在选择包装类型与材料时，各类乳制品的偏好不尽相同，但液态奶产品以利乐包装居多，奶粉则是金属罐装，乳脂肪类产品倾向于纸盒包装，奶酪产品倾向于塑料袋装。

乳制品消费渠道及信息获取方面，大型商超是城镇居民选购乳制品的主要消费渠道，其次是连锁便利店和网络平台。地理位置、产品质量和产品类型是选择消费渠道的主要考虑因素之一，网络平台则更突出商品获取的便利性。城镇居民主要通过“线下活动”来获取乳制品的相关信息，移动信息平台的信息载体功能也体现得十分明显。从乳制品信息发布渠道的信任程度来看，城镇居民对政府部门和专业测评机构发布的乳制品信息十分信任。

乳制品的质量安全问题方面，超过半数的城镇居民对目前市场上的乳制品质量安全表示认可，但部分人群需要加强对奶酪和乳脂肪类产品的认知能力和信息普及。是否是驰名商标是城镇居民来判别乳制品质量安全的主要因素，其次是亲身体验和营养物质含量。乳制品质量安全担忧的问题中，城镇居民对乳制品的品质问题关注度较高，主要担心产品中的有害物是否超标。若要提高乳制品的质量安全，城镇居民更希望由政府部门监管，其次是靠生产厂家的自觉。如今，大部分城镇居民认为“三聚氰胺”事件对自己选购乳制品时没有较大影响，虽然该食品安全事件的负面影响并未完全消失，但城镇居民对乳制品的消费信心已有所恢复。

三、乳制品消费行为影响因素实证分析

根据前文研究内容可知，不同群体特征下的城镇居民乳制品消费存

在明显差异，因此本部分将针对不同群体特征因素，再引入认知、价格等变量，针对城镇居民对液态奶产品和干乳制品的消费行为进行 logit 回归分析，探究教育水平、收入水平等是否是影响城镇居民低温奶产品、奶酪或乳脂肪类产品消费行为的主要因素，为后续的政策建议做铺垫。

（一）模型构建

为了检验上述因素是否会影响北京市城镇居民对各类乳制品的消费行为，本研究构建 logit 模型如下：

$$Y=\beta_1 Gender+\beta_2 \ln Age+\beta_3 \ln Total+\beta_4 Student+\beta_5 Working+\beta_6 Elderly+\beta_7 \ln Education+(\beta_8 Income-L)+(\beta_9 Income-H)+\beta_{10} Area_1+\beta_{11} Area_2+\beta_{12} Area_3+\beta_{13} Area_4+\beta_{14} Cognitive+\beta_{15} Price+\beta_{16} Quality+\mu+C$$

式中，Y 代表北京市城镇居民在调查期间是否对巴氏杀菌奶、超高温灭菌奶、低温酸奶、常温酸奶、奶粉、奶酪和乳脂肪类产品产生消费行为。即若产生消费行为，则 $Y=1$；若没有产生消费行为，则 $Y=0$。*Gender* 表示被调查者的性别；*Age* 表示被调查者的年龄；*Total* 表示被调查者家中常住人口总数，*Student*、*Working* 和 *Elderly* 分别表示被调查者家中学生人口数、工作人口数和 65 岁以上老年人口数与家中常住人口总数的比值；*Education* 表示根据调查者实际教育程度换算后的受教育年限；*Income-L* 和 *Income-H* 分别表示被调查者属于低收入水平和高收入水平；$Area_1$ 至 $Area_4$ 分别表示被调查者来自东城区、大兴区、西城区和石景山区；*Cognitive* 表示被调查者对各类乳制品的认知能力；*Price* 表示被调查者对各类乳制品的价格接受能力；*Quality* 表示被调查者对各类乳制品的质量安全感受；μ 为误差项；C 为常数项。

（二）变量设定

表 21 为本次北京市城镇居民乳制品消费行为 logit 模型的变量名称、含义、赋值及预期影响方向。结合前文研究内容，除了城镇居民的个人及家庭特征，受教育程度、收入水平和区域分布外，考虑到产品认知能力、价格接受能力和质量安全态度也是具有代表性的重要因素，因此本研究还将添加认知、价格和质量因素，共同构成 logit 模型变量。

表 21　变量名称、含义、赋值及预期影响方向

变量名称		意义及赋值	预期影响方向
个人及家庭特征	性别	男性=1；女性=0	+/−
	年龄	实际年龄数	−
	总人口	家中常住人口总数	+
	学生人数（人口比重）	家中学生人口数/家中常住人口总数	+
	工作人数（人口比重）	家中工作人口数/家中常住人口总数	+
	老年人数（人口比重）	家中 65 岁以上老年人口数/家中常住人口总数	−
教育水平	受教育程度	根据实际教育程度换算	+
收入水平	低收入水平	家庭月总收入 1 万元以下=1；其他=0	+/−
	高收入水平	家庭月总收入 2 万元以上=1；其他=0	+/−
区域分布	东城区	样本所属地区为东城区=1；其他辖区=0	+
	大兴区	样本所属地区为大兴区=1；其他辖区=0	+
	西城区	样本所属地区为西城区=1；其他辖区=0	−
	石景山区	样本所属地区为石景山区=1；其他辖区=0	−
认知能力	认知	对此种乳制品的某项信息具有认知=1；没有听说过此种乳制品=0	+
价格接受能力	价格	认为此种乳制品的价格稍高和较高=1；其他=0	+/−
质量安全态度	质量	较为担忧或十分担忧此种乳制品的质量安全=1；其他=1	+/−

资料来源：北京市城镇居民乳制品消费调查数据。

（三）实证结果与分析

1. 液态奶产品

本研究通过 EViews 软件对北京市城镇居民乳制品消费行为进行 logit 回归分析，液态奶产品模型结果如表 22 所示。其中，城镇居民家庭的学生人数、高收入水平、区域分布（西城区）、认知和价格 5 个变量对巴氏杀菌奶的消费行为有显著影响，老年人数、教育水平、区域分布（东城区）、认知和常数项 5 个变量对超高温灭菌奶的消费行为具有显著影响，年龄、总人口、教育水平、区域分布（东城区、大兴区和西城区）和认知 7 个变量对低温酸奶的消费行为具有显著影响，性别、学生人数、低收入水平、区域分布（东城区和大兴区）、认知和价格 7 个变量对常温酸奶的消费行为具有显著影响。

表 22 液态奶产品消费行为影响因素实证分析结果

变量		巴氏杀菌奶	超高温灭菌奶	低温酸奶	常温酸奶
个人及家庭特征	性别	−0.034	0.021	−0.045	0.077*
		(0.043)	(0.041)	(0.043)	(0.046)
	年龄	0.032	−0.012	−0.251***	0.062
		(0.067)	(0.065)	(0.069)	(0.073)
	总人口	0.072	−0.056	0.105*	−0.043
		(0.056)	(0.054)	(0.057)	(0.062)
	学生人数	0.310**	−0.089	0.025	0.257*
		(0.134)	(0.103)	(0.137)	(0.146)
个人及家庭特征	工作人数	−0.119	−0.033	−0.119	0.004
		(0.107)	(0.103)	(0.108)	(0.115)
	老年人数	0.004	−0.255**	−0.051	−0.126
		(0.115)	(0.111)	(0.117)	(0.124)
教育水平	受教育程度	0.139	−0.267***	0.311***	−0.113
		(0.092)	(0.089)	(0.094)	(0.099)
收入水平	低收入水平	0.004	−0.037	0.053	−0.157**
		(0.060)	(0.058)	(0.061)	(0.065)
	高收入水平	0.089*	0.023	0.007	−0.077
		(0.052)	(0.050)	(0.053)	(0.056)
区域分布	东城区	−0.002	0.171***	0.236***	0.230***
		(0.067)	(0.065)	(0.069)	(0.074)
	大兴区	0.031	0.098	0.224***	0.233***
		(0.067)	(0.065)	(0.069)	(0.073)
	西城区	−0.134**	−0.064	−0.137**	−0.104
		(0.067)	(0.065)	(0.069)	(0.074)
	石景山区	0.076	−0.014	−0.113	0.074
		(0.068)	(0.067)	(0.071)	(0.075)
认知能力	认知	0.365***	0.515***	0.255***	0.331***
		(0.052)	(0.079)	(0.075)	(0.077)

（续）

变量		巴氏杀菌奶	超高温灭菌奶	低温酸奶	常温酸奶
价格接受能力	价格	0.174***	0.142	−0.046	0.220**
		(0.068)	(0.092)	(0.072)	(0.076)
质量安全态度	质量	−0.014	0.001	−0.127	−0.220
		(0.112)	(0.099)	(0.108)	(0.117)
常数项		−0.538	1.087***	0.399	0.200
		(0.423)	(0.416)	(0.436)	(0.465)
调整后的 R^2		0.161	0.156	0.198	0.132
F 值		6.002	5.818	7.416	4.947
观测值		418	418	418	418

注：括号内数字为标准误；***、**和*分别表示数据在1%、5%和10%水平上显著。

（1）个人及家庭特征和认知能力对液态奶产品影响显著。个人及家庭特征中，性别、年龄、总人口、学生人数和老年人数分别通过显著性检验。学生人数对巴氏杀菌奶消费行为呈正相关影响，即城镇居民家中的学生人口数越多，对巴氏杀菌奶的消费行为就越频繁。老年人数对超高温灭菌奶呈负相关影响，即城镇居民家中超过 65 岁以上的老年人口数越多，其超高温灭菌奶的消费行为就会越低。年龄和总人口对低温酸奶分别呈负相关和正相关影响，即随着城镇居民年龄分布和家庭人口总数的上升，其低温酸奶的消费行为则分别有所下降和提升。性别和学生人数均对常温酸奶的消费行为呈现正相关影响，消费积极作用明显。此外，工作人数对液态奶产品的消费行为无显著性影响。认知因素对各类液态奶产品的消费行为影响均显著为正，可见是影响城镇居民液态奶产品消费行为的重要因素。

（2）液态奶产品消费行为具有显著的区域性差异，东城区和大兴区对酸奶类产品显著为正，西城区对低温奶产品显著为负。区域分布中，东城区和大兴区均通过了酸奶类产品的显著性检验，其消费行为均呈正相关影响。此外，东城区也通过了超高温灭菌奶的显著性检验，其消费行为的影响性显著为正。西城区则通过了巴氏杀菌奶和低温酸奶的显著性检验，其消费行为均呈负相关影响。结合前文分析可知，大兴区和东城区的液态奶消费能力较强，而模型结果则表明这两所辖区的城镇居民对酸奶类产品的消费行为更加普遍；西城区城镇居民对低温奶产品的消费倾向性较低，急需加强推广低温奶产品消费。石景山区未通过液态奶产品的显著性检验。

（3）收入水平和价格接受能力对巴氏杀菌奶和常温酸奶影响显著，教育水平对超高温灭菌奶和低温酸奶影响显著。收入水平中，低收入水平和高收入水平分别通过了巴氏杀菌奶和常温酸奶的显著性检验。其中，低收入水平对常温酸奶的消费行为呈负相关影响，高收入水平对巴氏杀菌奶的消费行为则呈现正相关影响。巴氏杀菌奶和常温酸奶的市场价格要高于其他液态奶类产品，但巴氏杀菌奶的口感风味和营养价值较受城镇居民认可，因此在高收入人群中的接纳程度更高，低收入人群对常温酸奶消费较为敏感，会有意识地控制其消费行为。价格因素通过了巴氏杀菌奶和常温酸奶的显著性检验，其消费行为均呈正相关影响。虽然城镇居民对这两类产品的价格接受能力较弱，但消费倾向较强。教育水平通过了超高温灭菌奶和低温酸奶的显著性检验，并对其消费行为分别呈现负相关影响和正相关影响，即城镇居民的教育程度越高，对超高温灭菌奶和低温酸奶的消费行为就会越低和越高，这一点与前文分析内容相符合。

2. 干乳制品

干乳制品模型结果如表 23 所示。其中，城镇居民的年龄、教育水平、低收入水平、价格和常数项 5 个变量对奶粉的消费行为有显著影响，总人口、区域分布（大兴区、西城区和石景山区）、认知和价格 6 个变量对奶酪的消费行为具有显著影响，性别、认知和价格 3 个变量对乳脂肪类产品的消费行为具有显著影响。

表 23　干乳制品消费行为影响因素实证分析结果

变量		奶粉	奶酪	乳脂肪类
个人及家庭特征	性别	0.026	−0.061	−0.133***
		(0.033)	(0.038)	(0.041)
	年龄	0.091*	−0.003	−0.079
		(0.052)	(0.060)	(0.064)
	总人口	−0.025	0.134***	0.027
		(0.045)	(0.051)	(0.054)

（续）

变量		奶粉	奶酪	乳脂肪类
个人及家庭特征	学生人数	0.029 (0.105)	0.127 (0.121)	0.207 (0.128)
	工作人数	−0.040 (0.082)	0.019 (0.096)	0.024 (0.101)
	老年人数	0.014 (0.089)	0.010 (0.104)	0.024 (0.109)
教育水平	受教育程度	0.131* (0.071)	0.103 (0.083)	0.109 (0.087)
收入水平	低收入水平	−0.108** (0.047)	0.004 (0.054)	0.005 (0.058)
	高收入水平	−0.036 (0.040)	0.031 (0.047)	0.032 (0.049)
区域分布	东城区	−0.005 (0.053)	0.098 (0.062)	0.042 (0.065)
	大兴区	0.087 (0.053)	0.176*** (0.061)	0.033 (0.065)
	西城区	−0.071 (0.053)	−0.106* (0.061)	−0.035 (0.065)
	石景山区	−0.008 (0.054)	0.119* (0.063)	−0.008 (0.067)
认知能力	认知	0.071 (0.051)	0.202*** (0.057)	0.220*** (0.062)
价格接受能力	价格	0.131*** (0.046)	0.142** (0.060)	0.135** (0.063)
质量安全态度	质量	0.013 (0.056)	0.096 (0.101)	−0.048 (0.113)
常数项		−0.558* (0.333)	−0.445 (0.384)	0.001 (0.408)
调整后的R^2		0.038	0.100	0.083
F值		2.037	3.909	3.353
观测值		418	418	418

注：括号内数字为标准误；***、**和*分别表示数据在1%、5%和10%水平上显著。

（1）个人及家庭特征和价格接受能力对干乳制品影响显著。个人及家庭特征中，仅性别、年龄和总人口通过了显著性检验。性别对乳脂肪类产品的消费行为呈负相关影响，即女性人群更偏爱乳脂肪类产品消费；年龄对奶粉的消费行为呈正相关影响，即超过 65 岁以上的老年人群对奶粉的消费倾向性更强；总人口对奶酪的消费行为具正相关影响，即家中常住人口越多，对奶酪的购买频率就越高。此外，学生人数、工作人数和老年人数均未通过干乳制品的显著性检验。价格因素通过了奶酪和乳脂肪类产品的显著性检验。由于干乳制品的市场价格普遍较高，因此除奶粉外，价格因素对奶酪和乳脂肪类产品的消费行为均呈正相关影响，可见城镇居民对奶酪和乳脂肪类产品的价格接受能力较弱。

（2）教育水平和收入水平仅对奶粉具有显著影响，区域分布仅对奶酪影响显著。教育水平和低收入水平均通过了奶粉的显著性检验。其中，教育水平对奶粉的消费行为呈正相关影响，低收入水平则呈负相关影响。通过前文分析可知，部分干乳制品的主要消费人群集中在高学历高收入人群，但通过模型结果可看出，教育水平较高的城镇居民仅对奶粉的消费行为具有显著影响，低收入人群对奶粉的消费行为则十分谨慎。高收入水平未通过干乳制品的显著性检验。区域分布方面，大兴区、西城区和石景山区均通过了奶酪的显著性检验，大兴区和石景山区对奶酪的消费行为具有正相关影响，西城区则为负相关影响，东城区未通过干乳制品的显著性检验。可见大兴区和石景山区的奶酪消费较为普遍，西城区则相对较弱。

（3）认知能力对奶酪和乳脂肪类产品影响显著，质量安全态度对干乳制品无显著性影响。认知因素通过了奶酪和乳脂肪类产品的显著性检验，且均呈正相关影响，可见对乳制品的认知程度越高，就越会刺激消费行为的产生。目前我国尚未普及奶酪和乳脂肪类产品消费，因此城镇居民对这两类产品的关注度不高，若能将产品认知信息进行全面普及，则势必会对城镇居民的乳制品消费行为进行合理引导，进而提高消费能力，打开干乳制品消费市场。此外，质量因素未通过各类乳制品的显著性检验，可见北京市城镇居民对目前市面上的乳制品的质量安全比较认可，不会影响其消费行为。

（四）小结

个人及家庭特征和产品认知是影响城镇居民乳制品消费行为的重要因素。个人及家庭特征中，性别、年龄、总人口、学生人数和老年人数分别通过显著性检验，对液态奶产品的影响更为明显。除奶粉外，认知因素对各类乳制品均具有显著的正相关影响，对城镇居民的乳制品消费行为具有积极的影响作用。

虽然第三部分的描述性统计分析表明，低温奶产品、奶酪和乳脂肪类产品消费主要倾向于高学历高收入人群，但从模型结果可得知，收入水平和教育水平对巴氏杀菌奶和低温酸奶的消费行为显著为正，但未通过奶酪和乳制品类产品的显著性检验。

城镇居民的乳制品消费行为具有显著的区域性差异。大兴区和东城区的城镇居民对酸奶类产品的消费行为较为普遍，低温酸奶和奶酪的区域性差异较大。除了超高温灭菌奶和低温酸奶外，城镇居民普遍对其他乳制品的价格接受能力较弱。工作人数和质量因素未通过各类乳制品的显著性检验，对城镇居民的消费行为不具有影响性。

四、研究结论与政策建议

通过研究北京市城镇居民的乳制品消费行为，从需求侧引致产业升级与竞争力提升，进而推动低温奶产品、奶酪及乳脂肪类产品消费。本研究通过实地调研得到一手资料，使用描述性统计分析方法归纳总结城镇居民对各类乳制品的消费现状和消费行为，并通过实证分析探究影响城镇居民乳制品消费行为的关键因素，针对目前北京市乳制品消费市场存在的问题进行分析和探讨，得出以下研究结论。

（一）研究结论

1. 不同群体乳制品消费差异明显，具有特定消费倾向

一是北京市城镇居民乳制品消费以液态奶产品为主，超高温灭菌奶消费占据主导。城镇居民液态奶产品消费的普及率较高，纯牛奶类产品尤为明显。纯牛奶类产品中，虽然巴氏杀菌奶购买频率较高，但购买量、支出金额、消费频率及消费量较超高温灭菌奶相对较低，可见超高温灭菌奶在液态奶消费结构中占主要地位。酸奶类产品中，城镇居民更倾向于低温酸奶。乳脂肪类产品和奶酪的消费需求不及奶粉，消费普及率有待提高。二是高学历和高收入人群更倾向于低温奶产品、奶酪和乳脂肪类产品消费。随着教育和收入水平提高，城镇居民对巴氏杀菌奶、乳脂肪类产品等低温奶产品消费增长趋势明显，超高温灭菌奶则呈现下降态势。此外，女性人群纯牛奶类产品消费能力强，且更偏爱低温奶产品；男性人群对干乳制品的消费需求更强。

2. 城镇居民乳制品消费偏好呈现多样化，质量安全被认可

一是不同群体乳制品消费意愿。女性对乳制品消费意愿较强，男性有更强的高品质低温酸奶支付意愿。年轻人群对乳脂肪类产品和奶酪的购买意愿较强，但支付意愿不强。教育水平对高品质乳制品的支付意愿有积极影响。低收入人群在收入水平提高情况下表现出更强的购买意愿，高收入人群对各类高品质乳制品支付意愿相对均衡。二是城镇居民乳制品包装和品牌偏好。包装大小偏好方面，液态奶产品、乳脂肪类产品和奶酪为小包装，奶粉为大包装。包装类型与材料偏好方面，液态奶产品为利乐包装，奶粉为金属罐装，乳脂肪类产品为纸盒包装，奶酪为塑料袋装。品牌偏好方面，液态奶产品以蒙牛、伊利、三元等品牌为主，奶粉品牌集中性不强，乳脂肪类产品和奶酪以外国品牌为主。三是城镇居民乳制品购买和信息获取渠道。大型商超是主要购买渠道，其次为连锁便利店和网络平台；地理位置、产品质量和产品类型是影响消费渠道选择的关键因素。“线下活动”是获取乳制品信息的主要渠道，其次为电视广播和网页信息。四是城镇居民乳制品质量安全认知。主要通过驰名商标、亲身体验、营养物质含量判别乳制品质量安全；认为乳制品质量安全应由政府部门监管，同时要靠厂家自觉性。“三聚氰胺”事件对乳制品消费已无较大影响，超半数居民表示目前乳制品质量“可靠”。

3. 乳制品消费行为受多因素驱动影响

个人及家庭特征、教育水平、收入水平、区域分布、认知能力和价格接受能力对北京市城镇居民的乳制品消费行为具有不同程度的影响。一是个人及家庭特征方面，性别对常温酸奶和乳脂肪类产品分别呈现显著的正相关和负相关影响，年龄对低温酸奶和奶粉分别呈现显著的负相关和正相关影响，总人口对低温酸奶和奶酪均具有显著的正相关影响，学生人数对巴氏杀菌奶和常温酸奶均具有显著的正相关影响，老年人数对超高温灭菌奶具有显著的负相关影响。二是教育水平方面，城镇居民的教育水平对低温酸奶和奶粉均具有显著的正相关影响，对超高温灭菌奶则呈现显著的负相关影响。三是收入水平方面，低收入水平对常温酸奶和奶粉均具有显著的负相关影响，高收入水平则对巴氏杀菌奶呈现显著的正相关影响。四是区域分布方面，城镇居民的乳制品消费行为具有明显区域差异，酸奶类产品和奶酪的区域性差异较大。五是认知能力和价格接受能力，除奶粉外，认知因素对其他各类乳制品均呈现显著的正相关影响，价格因素则对巴氏杀菌奶、常温酸奶和干乳制品呈相显著的正相关影响。五是质量安全态度，质量因素未通过各类乳制品的消费行为检验，可见质量安全已不是影响北京市城镇居民乳制品消费行为的主要因素之一。

（二）政策建议

1. 科学引导消费行为，提高竞争优势产品消费

整合政府与市场资源，强化低温奶产品、奶酪及乳脂肪类产品即竞争优势产品的宣传力度，科学引导城镇居民乳制品消费行为，全面优化乳制品消费结构，打开竞争优势产品消费市场。推广政府引导、市场主导的乳制品消费宣传方式，举办形式多样的市民宣讲会，让消费者亲身感受和了解竞争优势产品的营养价值和产品特色等。充分发挥电视广播、报纸杂志、网络平台等新闻媒体，强化乳制品消费宣传，让竞争优势产品的消费信息进入千家万户。积极培育年轻消费群体，在校内开展宣传乳制品营养知识的公益课堂或讲座，使学生及年轻消费群体在普及认知信息的同时，提高竞争优势产品消费倾向。通过多方式、多渠道宣传，在缓解国内乳制品消费与国际差距的同时，增强居民对低竞争优势产品的消费偏好，进而推升国产乳制品市场竞争优势，从需求侧助力我国奶业快速发展及国际竞争力稳步提升。

2. 推动业态模式创新，保障竞争优势产品输出

为应对居民乳制品消费偏好的多样化，必须推动乳制品新业态新模式发展。建议完善乳制品行业政策支持体系，加大政策支持力度，通过财政投入撬动社会力量，积极推动乳制品新业态新模式创新，满足城镇居民多元化的乳制品消费需求，保障竞争优势产品输出能力。同时，积极扶持连锁便利店经营发展，利用其消费距离的便利性满足不同群体的乳制品消费需求，加大竞争优势产品的市场输出能力。强化“互联网+”和电子商务平台建设，完善冷链系统，提高保鲜技术水平和物流运输能力，利用大数据平台合理优化乳制品配送路线，加快农村地区竞争优势产品的流通速度，提高市场供给能力，满足农村居民的乳制品消费需求。通过产业间的相互配合，在拓宽乳制品消费渠道的基础上发展新业态，保障竞争优势产品输出。

3. 强化奶业发展基础，提升竞争优势产品供给

满足城镇居民日益增长的乳制品消费需求及日趋多样的消费偏好，必须具备坚定的乳制品保障能力，尤其要提升竞争优势产品供给能。建议推动奶业政策支持体系的制度化、法制化建设，建立健全长期稳定的奶业发展政策支持体系，加大支持力度，创新投入机制，提高政策效果，增强国内经营主体发展民族奶业的积极性；引导金融保险机构积极探索信贷担保、贴息等方式，强化奶业发展的金融保险支持力度。通过打好政策与市场组合拳，着力提升奶业发展科技支撑力度，完善奶业发展产业体系、生产体系和经营体系，进一步夯实奶业发展基础，全面推进奶业振兴，切实提升竞争优势产品的供给与保障能力。同时，积极支持和鼓励乳制品品牌创建，打造一批更具国际影响力的优质国产乳制品品牌；推动乳制品生产与国际化标准接轨，严格保障产品质量，增强竞争优势产品的品牌竞争力。

（三）未来消费展望

我国的液态奶产品消费结构中，纯牛奶类产品一直以超高温灭菌奶为主导，但巴氏杀菌奶在国际市场上更加受到青睐。以巴氏杀菌奶、低温酸奶为代表的低温奶产品品质新鲜、口感独特、营养全面，是我国唯一可以与外国乳制品相抗衡的产品品类，未来低温奶产品必然在我国形成新的消费趋势，并与奶酪和乳脂肪类产品一起成为复兴民族乳业的关键。但由于信息普及滞后、冷链运输成本较大等因素，我国低温奶产品消费市场一直发展缓慢，巴氏杀菌奶若要取代超高温灭菌奶的消费地位则还需要一段时间。酸奶类产品中，低温酸奶带动城市低温奶产品消费，未来发展空间只增不减；常温酸奶虽然价格较高，但市场营销到位，线上、线下的宣传推广活动较多，但产品品牌相对集中，未来会有更多品牌进入市场。

干乳制品中，虽然奶粉消费市场已逐渐接近饱和，但外国品牌对国内市场的挤占现象仍然严重，若能彻底恢复城乡居民对国产品牌的消费信心，未来国产奶粉消费将有望上涨。奶酪和乳脂肪类产品由于是浓缩品，不仅口感更加醇厚，还可以通过烹饪增加休闲乐趣，适应了年轻人群“休闲化”的生活需求，在一定程度上培养了消费习惯。虽然部分城乡居民认为乳脂肪类产品和奶酪不便直接食用，但市场上现已推出超小包装的产品，适合一口食用，成为打开奶酪和乳脂肪类产品消费市场的新方向。

综上所述，未来我国城乡居民的乳制品消费将逐渐趋于“新鲜化”“高端化”和“休闲化”，随着低温奶产品消费认知的普及与推广，巴氏杀菌奶也将逐渐被城乡居民接受，成为国产乳制品消费的主力军。

参考文献

曹暕，王玉斌，谭向勇．中国城镇居民奶制品消费品牌特征及乳品企业战略选择［J］．中国农业大学学报（社会科学版），2004（1）：67－71.

陈吉铭，王琛，何忠伟，刘芳，王俊．消费者对冷链乳制品的态度、购买意愿及影响因素研究——基于京津冀地区的调研［J］．农业展望，2017，13（4）：95－103.

陈连芳．中国干酪市场分析［J］．中国乳业，2011（8）：18－19.

陈甜甜．中国城乡居民乳品消费研究［D］．南京：南京农业大学，2010.

陈希，吴慧芳．对消费者乳制品购买行为的调查研究［J］．全国流通经济，2019（1）：23－24.

程长林，任爱胜，陈林，修文彦．我国乳制品供给市场地理集聚与驱动因素研究［J］．中国乳品工业，2017，45（5）：43－46，50.

董晓霞，李志强．中国奶制品市场形势分析及未来10年展望［J］．农业展望，2014，10（9）：15－21.

杜姗姗．消费者对乳品质量安全的支付意愿研究［D］．呼和浩特：内蒙古农业大学，2010.

杜义日格其，乌云花．消费者的信任、质量安全认知及乳制品购买行为的研究进展［J］．中国乳品工业，2019，47（3）：47－51.

樊斌，霍群．信息共享视角下的乳制品供应链发展问题及对策研究［J］．黑龙江畜牧兽医，2018（14）：16－20.

冯伟芳．低温巴氏奶零售市场数据凸显消费趋势［N］．中国食品报，2016-05-06（002）．

伏浩．中国乳品消费研究［D］．北京：中国农业大学，2003．

顾佳升．中国奶制品现状及鲜奶情况［J］．中国乳业，2014．（7）：16-24．

郭利亚，王玉庭，张养东，毕研亮，周振峰，王加启．中国奶业发展现状及主要问题对策分析［J］．中国畜牧杂志，2015，51（20）：35-40．

何忠伟，栗卫清，刘芳．我国乳制品消费水平变动趋势集成预测——基于 ARMA、VAR 和 VEC 模型［J］．中国畜牧杂志，2018，54（8）：131-136．

何忠伟，刘芳，吴夏梦．基于 SEM 的国内外乳制品择定模式研究——基于北京 506 个消费者样本的调研［J］．农业技术经济，2016（3）：24-35．

胡定寰，F Fuller，T Reardon．超市的迅速发展对中国奶业的影响［J］．中国农村经济，2004（7）：11-17，22．

胡卫中，周虹．消费者品质认知与液态奶产品差异化策略［J］．中国畜牧杂志，2009，45（6）：19-22．

霍晓娜．浅析我国液态奶品种调整方向［J］．中国乳业，2017（1）：34-37．

霍晓娜．近年来中国乳制品市场形势分析及展望［J］．农业展望，2019，15（7）：4-7．

李翠霞，贾琪．基于联合分析的城乡居民液态奶消费偏好研究——以黑龙江省 756 位消费者为例［J］．黑龙江畜牧兽医，2018（18）：15-19．

李思维，孙树垒，张正勇．大学生液态奶消费行为研究——以南京市仙林大学城为例［J］．粮食科技与经济，2019，44（6）：104-108．

李媛，刘芳．我国乳制品行业发展现状及趋势分析［J］．中国畜牧杂志，2019，55（4）：144-147．

栗卫清，刘芳，田明，何忠伟．京津冀城市居民乳制品消费现状与影响因素研究［J］．中国食物与营养，2017，23（4）：52-55．

刘芳，危薇，何忠伟，杨宇泽．北京奶业市场竞争力研究［J］．中国食物与营养，2014，20（5）：16-20．

刘尚俊，刘君，蒋志辉．大学生群体液态牛奶消费行为分析——基于塔里木大学学生的调查［J］．塔里木大学学报，2017，29（3）：79-85．

刘秀娟，杜宏宇．北京市居民进口乳制品消费行为研究——以石景山区为例［J］．黑龙江畜牧兽医，2017（24）：34-36．

刘韵非．北京市奶类市场问题研究［D］．北京：中国农业科学院，2013．

吕驰．国内乳制品市场展望［J］．中国乳业，2018（12）：36-40．

马冠生，崔朝辉，周琴，胡小琪，李艳平，翟凤英，杨晓光．中国居民奶及奶制品消费现状分析［J］．中国食物与营养，2007（11）：36-39．

马仁磊．食品安全事件后消费者恢复购买行为研究［D］．南京：南京农业大学，2014.

马颖，张晓忠，钟春泉，杨江澜．基于解释结构模型的巴氏奶发展影响因素分析［J］．贵州农业科学，2018，46（4）：90－93.

梅兰．我国城乡居民乳制品消费分析及发展对策研究［D］．北京：首都经济贸易大学，2008.

聂迎利．中国城乡居民奶类消费研究［D］．北京：中国农业科学院，2009.

彭一婧，刘芳，何忠伟．北京市城镇居民乳制品消费特征及发展思路［J］．农业展望，2018，14（2）：84－91.

史饱令．居民购买乳制品消费行为研究——以新疆乌市为例［J］．时代金融，2017（6）：55－56.

宋佳宾．消费价值对黑龙江省液态奶消费者购买行为的影响研究［D］．大庆：黑龙江八一农垦大学，2018.

宋亮．聚焦乳品行业未来发展的四个消费趋势［J］．乳品与人类，2019（3）：22－24.

苏丹．阿拉善盟巴彦浩特镇牧民的乳制品购买行为研究［D］．呼和浩特：内蒙古农业大学，2018.

王丁棉．中国未来牛奶消费主流是巴氏奶［J］．中国乳业，2007（10）：8－9.

王贵荣，陈彤，王伟．城镇居民奶制品消费行为分析——基于新疆的问卷调查［J］．中国畜牧杂志，2009，45（20）：48－52.

王洁，李佳，赵慧秋．巴氏奶冷链物流现状及对策分析［J］．畜牧与饲料科学，2015，36（10）：61－64.

王洁，杨江澜，刘款，高常凯．河北省巴氏奶消费市场调研分析［J］．黑龙江畜牧兽医，2018（6）：14－18.

王静，罗洁，王鹏杰．我国液态奶产业现状与建议［J］．中国奶牛，2017（5）：51－53.

王莉，田国强．我国奶制品消费行为与态度的调查研究［J］．中国乳业，2013（9）：26－30.

王铜铜，郭英，任立明，费菁，李宁，于政权，孟庆勇．北京奶业发展形势现状及问题对策［J］．中国畜牧杂志，2015，51（18）：15－20.

王雪郦，甘肃省乳制品消费影响因素调查［J］．中国奶牛，2017（10）：43－46.

王一帅．河北省乳制品消费者购买行为调查分析［D］．保定：河北农业大学，2015.

王泽，罗小红，何忠伟，刘芳．北京奶业可持续发展研究［J］．中国食物与营养，2015，21（6）：21－24.

武爱群．奶酪的营养价值及国内消费市场培育研究［J］．食品安全导刊，2018（21）：166－167.

席青．高校大学生液态奶消费行为及影响因素分析［D］．邯郸：河北工程大学，2017.

许世卫．中国奶业消费特征与消费量预测［J］．中国食物与营养，2009（12）：4－7.

杨鹏．消费者对液态奶属性偏好的联合分析［D］．呼和浩特：内蒙古农业大学，2014.

杨森．我国超大城市居民乳制品消费转型的研究［D］．北京：中国农业科学院．，2018.

杨伟民，韩蒙．中国奶酪的市场现状与营销建议［J］．中国乳业，2014（4）：8－11.

杨祯妮，吕小琳，肖湘怡，程广燕．我国乳制品消费结构及趋势分析——基于6座典型城市3 000名消费者的乳制品消费调研［J］．中国乳业，2019（9）：19－23.

杨祯妮，周琳，程广燕．我国奶类消费特征及中长期趋势预测［J］．中国畜牧杂志，2016，52（2）：46－49.

袁艳云，何忠伟，刘芳．北京市城乡居民乳制品消费分析［J］．农业展望，2019，15（3）：73－79.

翟世贤，张彩萍，白军飞．收入增长和城市化对液态奶消费结构的影响［J］．中国农村经济，2017（8）：45－60.

张明立，鞠晓峰，李欣．我国城市居民奶制品消费行为的调查分析［J］．中国乳品工业，2002（3）：38－41.

张岩，金少胜，袁绕．乳制品消费影响因素探究——基于CHNS数据的分析［J］．中国畜牧杂志，2017，53（1）：124－130.

赵婧洁，王明利．居民奶产品消费现状及影响因素分析［J］．中国畜牧杂志，2014，50（20）：3－7.

周全．城市消费者乳制品购买行为的实证研究［D］．杭州：浙江大学，2010.

Armstrong G，Farley H，Gray J，et al. Marketing health－enhancing foods：implications from the dairy sector［J］. Marketing Intelligence & Planning，2005，23（6/7）：705－719.

Bai J，Wahl T I，Mccluskey J J. Fluid milk consumption in urban Qingdao，China［J］. Australian Journal of Agricultural and Resource Economics，2008，52（2）：133－147.

Barker A T，Lorigan G B. Milk Consumption Behavior of Adults：Insights from New Zealand［C］. In：Hawes J M，Glisan G B.（eds）Proceedings of the 1987 Academy of Marketing Science（AMS）Annual Conference，2015.

Carolyn D，Kathryn M V. Retail and Consumer Aspects of the Organic Milk Market［J］. Economic Research Service，2006，12（2）：25－68.

Colonna A，Durham C，Meunier－Goddik L. Factors affecting consumers' preferences for and purchasing decisions regarding pasteurized and raw milk specialty cheeses［J］. Journal of dairy science，2011，94（10）：5217－5226.

Czarnocinska J，Wadolowska L，Przyslawski J，et al. Analysis of factors influencing the choice of dairy products by poles. Pofpres study.［J］. Polish Journal of Food & Nutrition ences, 2006, 15 - 56 (1): 57 - 60.

Dodds W B, Monroe K B, Grewal D. Effects of Price, Brand, and Store Information on Buyers' Product Evaluations [J]. Journal of Marketing Research, 1991, 28 (3): 307 -319.

Donald M G N, Mwangi G, John M W. Consumption Patterns and Preference of Milk and Milk Products among Rural and Urban Consumers in Semi - Arid Kenya [J]. Ecology of Food and Nutrition, 2011, 50 (3): 240 - 262.

Faletar I, Cerjak M, Kovacic D. Determinants of attitude and buying intention of organic milk [J]. Mljekarstvo, 2016, 66 (1): 59 - 65.

Fuller F H, Beghin J, Rozelle S. Consumption of Dairy Products in Urban China: Results from Beijing, Shanghai and Guangzhou [J]. Audytslian Journal of Agricultural and Resource Economics, 2007, 51 (4): 459 - 474.

Graaf S D, Loo E J V, Bijttebier J, et al. Determinants of consumer intention to purchase animal - friendly milk [J]. Journal of Dairy Science, 2016, 99 (10): 8304 - 8313.

Jayachandran N N V, James B, David S. A Probit Latent Variable Model of Nutrition Information and Dietary Fiber Intake [J]. American Journal of Agricultural Economics, 1996, 78 (3): 628 - 639.

Kresick H G, Lelas Z, Jambrak A R. Consumers' behaviour and motives for choice of dairy beverages in kvarner region: a pilot study [J]. Mljekarstvo, 2010 (60): 50 - 58.

Mcilveen H, Armstrong G. Consumer acceptance of low - fat and fat - substituted dairy products [J]. Journal of Consumer Studies & Home Economics, 1995 (19): 277 - 287.

Nayga R M, Siebert J W. Analysis of At - Home Consumption of Dairy Products in the United States [J]. Journal of Food Products Marketing, 1999, 5 (3): 65 - 78.

Ortega D L, Wang H H, Olynk N J, et al. Chinese consumers' demand for food safety attributes: A push for government and industry regulations [J]. American Journal of Agricultural Economics, 2012, 94 (2): 489 - 495.

Peloza J, White K, Shang J. Good and guilt - Free: The role of self - accountability in influencing preferences for products with ethical attributes [J]. Journal of Marketing, 2013, 77 (1): 104 - 119.

Prentice A M. Dairy products in global public health [J]. American Journal of Clinical Nutrition, 2014, 99 (5): 1212S - 1216S.

Rahnama H, Rajabpour S. Factors for consumer choice of dairy products in Iran [J]. Appetite, 2017 (111): 46 - 55.

Watanabe Y, Suzuki N, Kaiser H M. Predicting Japanese dairy consumption behavior using qualitative survey data [J]. Agribusiness, 1999, 15 (1): 71 - 79.

附件：调查问卷

北京市城镇居民乳制品消费调查问卷

非常感谢您在百忙之中参加我们本次关于北京市城镇居民乳制品消费研究的调研活动！请您放心，您的资料将严格保密，问卷资料也只用于科学研究，您的回答没有对错之分，真诚感谢您的支持和配合。（说明：乳制品包括液态奶（巴氏杀菌奶、超高温灭菌奶、酸奶、调制奶等）、奶粉、炼乳类、乳脂肪类（奶油、黄油等）、奶酪及其他乳制品等）

A 基本情况（若被访者没有在北京市居住 1 年以上，则终止访问，并向被访者表示感谢！）

<table>
<tr><td>姓名：　　　　联系方式：</td><td>A1 性别（　　）
1=男；2=女</td><td>A2 年龄（　　）</td><td>A3 民族（　　）</td><td>A4 家中常住人口（　　）人，其中学生（　　）人，参加工作（　　）人，65 岁以上老人（　　）人</td></tr>
<tr><td colspan="2">A5 最高学历（　　）
1=小学及以下；2=初中；3=高中及中专；4=大学及大专；5=研究生及以上</td><td colspan="3">A6 家庭月收入（　　）
1=0.5 万元以下；2=0.5 万～1 万元；3=1 万～1.5 万元；4=1.5 万～2 万元；5=2 万元以上</td></tr>
<tr><td colspan="5">A7 您的职业是（　　）
1=机关单位/政府部门/基层组织；2=科研/教育/文化等事业单位；3=国有企业/集体企业；4=外资/合资/私营企业；5=个体经营户；6=学生；7=自由职业；8=其他：________</td></tr>
</table>

B 乳制品认知

<table>
<tr><td rowspan="2">您对右侧所列乳制品的哪方面信息比较了解？（最多选三项）
1=制作工艺；2=营养价值；3=口感风味；4=价格；5=保质期；6=储藏温度；7=食用/烹饪方式；8=均不了解；9=没听说过；10=其他（请注明）________</td><td>巴氏杀菌奶</td><td>超高温灭菌奶</td><td>低温酸奶</td><td>常温酸奶</td><td>奶粉</td><td>奶油</td><td>黄油</td><td>奶酪</td></tr>
<tr><td></td><td></td><td></td><td></td><td></td><td></td><td></td><td></td></tr>
</table>

C乳制品消费现状（若被访者没有购买也没有食用过乳制品，请向被访者表示感谢！）

问题	提示
C1 若您没有购买过乳制品，可能的原因是（　　） 1=收入限制；2=购买不便；3=不信任产品质量；4=无消费偏好；5=其他：________	提示①：采用“巴氏灭菌技术”，要求在4℃左右的环境中冷藏，保质期一周左右。 提示②：采用超高温瞬时灭菌技术生产加工，并灌装入无菌包装内的牛奶，保质期一个月以上。 提示③：生奶含量80%以上，含有其他原料或食品添加剂或营养强化剂，如：核桃奶、香蕉牛奶。 提示④：以鲜奶或奶产品为原料，经发酵或未经发酵加工制成。如；酸酸乳、妙恋、营养快线等。 提示⑤：将传统工艺生产出来的酸奶再经过一次巴氏灭菌，借助冷链运输保存，保质期一个月以内。 提示⑥：将传统工艺生产出来的酸奶再经过一次超高温瞬时灭菌，不借助冷链也能长时间保存，保质期一般为六个月左右。
C2 若您没有食用过乳制品，可能的原因是（　　） 1=食用后身体不适；2=无饮食习惯；3=口味不佳；4=无购买习惯；5=其他：________	
C3 您最常食用的乳制品为（最多选三项）：________ 1=液态奶产品；2=奶粉；3=炼乳；4=乳脂肪类（奶油、黄油等）；5=奶酪/芝士；6=其他：________	
C4 您最常饮用的液态奶产品为（最多选三项）：________ 1=巴氏灭菌奶①；2=常温纯牛奶②；3=常温调制奶③；4=常温奶饮料④；5=低温酸奶⑤；6=常温酸奶⑥；7=其他：________　　（提示①～⑥见右侧）	

消费现状	巴氏杀菌奶	超高温灭菌奶	酸奶类		奶粉	乳脂肪类		奶酪
			低温	常温		奶油	黄油	
C5 您在最近一个月内购买几次此种乳制品？								
C6 您每次购买此种乳制品的容量或重量？（单位：毫升或千克）⑦								
C7 您在最近一个月内对此种乳制品的消费金额？（单位：元）⑧								
C8 您在最近一个月内食用了几次此种乳制品？								
C9 您每次食用此种乳制品的容量或重量？（单位：毫升或千克）⑦								

提示⑦：C6、C9，若被访者无法回忆起具体容量重量，可写出乳制品的具体品牌、品类及包装名称，如：蒙牛袋装×2。

提示⑧：C7可写单价×件数，如2.5×2，即为2.5元×2件。

液态奶：普通砖型利乐包1盒200/250毫升，利乐钻200/250毫升，普通/透明袋装1袋200毫升，利乐枕1袋200/227/240毫升，屋顶包1盒180/200/220/1 000/2 000毫升等，塑料瓶1瓶100/220/225/230/250/450/500毫升。奶粉：大包装1罐/袋装约为900～1 000克。奶油：250毫升或1升。黄油：10/200/450/500克。奶酪：100/150/450/500克。

D乳制品消费行为

消费行为	巴氏杀菌奶	超高温灭菌奶	酸奶类		奶粉	乳脂肪类		奶酪
			低温	常温		奶油	黄油	
D1 您认为此种乳制品在市场上是否能够很容易买到？ 1=非常容易；2=比较容易；3=一般；4=不太容易；5=非常不容易；6=不清楚								
D2 您认为目前市场上此种乳制品的质量安全情况如何？ 1=十分可靠；2=比较可靠；3=一般；4=比较担忧；5=十分担忧；6=不清楚								
D3 您认为目前市场上此种乳制品的价格如何？ 1=价格较低；2=价格稍低；3=价格适中；4=价格稍高；5=价格较高；6=不清楚								
D4 若未来收入提高，您对此种乳制品的购买量会如何变化？ 1=增加购买量；2=减少购买量；3=购买量保持不变；4=不确定								
D5 若收入不变，您是否会愿意花更多的钱来购买更高质量的此种乳制品？ 1=会；2=不会；3=不确定								
D6 若您愿意花更多的钱来购买更高质量的此种乳制品，那么您可以接受的价格涨幅（在原价格的基础上）？ 1=15%以下；2=15%～30%；3=30%～45%；4=45%以上；5=不确定								
D7 通常您购买的此种乳制品最主要由哪位家庭成员食用？（可多选） 1=本人；2=配偶；3=老人；4=子女；5=全家人共食								
D8 通常您在购买此种乳制品时会选择何种包装体积？ 1=超大包装（1 升或 1 000 克以上）；2=大包装（500～1 000 毫升/500～1 000 克）；3=中等包装（250～500 毫升/250～500 克）；4=小包装（250 毫升/250 克以下）；5=无固定								

<table>
<tr><th rowspan="2">消费行为</th><th>巴氏</th><th>超高温</th><th colspan="2">酸奶类</th><th rowspan="2">奶粉</th><th colspan="2">乳脂肪类</th><th rowspan="2">奶酪</th></tr>
<tr><th>杀菌奶</th><th>灭菌奶</th><th>低温</th><th>常温</th><th>奶油</th><th>黄油</th></tr>
<tr><td>D9 您购买此种体积包装的原因是（最多选三项）？
1＝性价比高，便宜实惠；2＝体积合适，便于携带；3＝所买产品只有此种包装；4＝基于个人及家中人口食用情况考虑；5＝基于乳制品保存期限考虑；6＝无特殊原因；7＝其他：______</td><td></td><td></td><td></td><td></td><td></td><td></td><td></td><td></td></tr>
<tr><td>D10 您主要通过何种渠道来购买此种乳制品（最多选三项）？
1＝小卖店/烟酒超市；2＝大型商超（物美大卖场、京客隆、超市发等）；3＝连锁便利店；4＝订奶上门；5＝网络平台（天猫超市、京东等）；6＝人工代购；7＝其他：______</td><td></td><td></td><td></td><td></td><td></td><td></td><td></td><td></td></tr>
<tr><td colspan="9">D11 若您在网络平台（天猫超市、京东等）购买过乳制品，请选出主要原因（最多选三项）：______
1＝送货上门；2＝产品类型丰富；3＝快速挑选产品；4＝产品质量有保障；5＝价格实惠；6＝支付手段方便快捷；7＝其他：______；8＝无特殊原因</td></tr>
<tr><td colspan="9">D12 若您没有在网络平台（天猫超市、京东等）购买过乳制品，请选出主要原因（最多选三项）：______
1＝产品价格较高；2＝产品不支持配送；3＝产品运输成本较高；4＝产品质量难以保证；5＝支付手段不安全；6＝不使用网络；7＝其他：______；8＝无特殊原因</td></tr>
<tr><td colspan="9">D13 若您在大型商超（物美大卖场、京客隆、超市发、家乐福、世纪联华等）购买过/没有购买过 乳制品（请在划线处打“√”），请选出主要原因（最多选三项）：______；
若您在连锁便利店 购买过/没有购买过 乳制品（请在划线处打“√”），请选出主要原因（最多选三项）：______；
1＝地理位置；2＝产品类型；3＝产品质量；4＝店内环境/装饰；5＝服务人员态度；6＝结账便捷程度；7＝价格；8＝其他：______；9＝无特殊原因</td></tr>
</table>

D14 通常您所购买的右侧所列乳制品的品牌为（最多选三项）？巴氏杀菌奶：＿＿＿＿；超高温灭菌奶：＿＿＿＿； 1＝光明；2＝三元；3＝蒙牛；4＝伊利；5＝新希望；6＝辉山；7＝夏进；8＝完达山；9＝李子园；10＝其他：＿＿＿＿；11＝没注意过品牌 （提示：蒙牛特仑苏、伊利金典、伊利臻浓、光明优＋、三元极致）
D15 通常您所购买的右侧所列酸奶产品的品牌为（最多选三项）？低温酸奶：＿＿＿＿；常温酸奶：＿＿＿＿； 1＝光明；2＝三元；3＝蒙牛；4＝伊利；5＝新希望；6＝辉山；7＝夏进；8＝完达山；9＝李子园；10＝君乐宝；11＝天润；12＝和润；13＝其他：＿＿＿＿；14＝没注意过品牌　（提示：蒙牛纯甄、蒙牛冠益乳、伊利安慕希、伊利畅轻、光明莫斯利安、三元冰岛式、完达山臻醇）
D16 通常您所购买的奶粉品牌：＿＿＿＿（最多选三项） 1＝飞鹤；2＝贝因美；3＝完达山；4＝红星；5＝光明；6＝三元；7＝蒙牛；8＝伊利；9＝新希望；10＝辉山；11＝美国惠氏；12＝美国雅培；13＝美国美赞臣；14＝雀巢；15＝荷兰美素佳儿；16＝新西兰安佳；17＝新西兰（A2C）a2；18＝新西兰雅士利；19＝澳大利亚德运；20＝其他：＿＿＿＿；21＝没注意过品牌　［提示：蒙牛（瑞哺恩、美蕾兹、白金佳智、美萌益）、伊利（金领冠）］
D17 通常您所购买的乳脂肪类产品的品牌：＿＿＿＿（最多选三项） 奶油：＿＿＿＿；黄油：＿＿＿＿； 1＝中国堡兰特；2＝中国百钻；3＝台湾常春；4＝雀巢；5＝英国蓝米吉/蓝风车；6＝新西兰安佳；7＝法国总统；8＝其他：＿＿＿＿； 9＝没注意过品牌
D18 通常您所购买的奶酪产品的品牌：＿＿＿＿（最多选三项） 1＝妙可蓝多；2＝新西兰安佳；3＝意大利帕玛森；4＝美国史密斯；5＝瑞士埃曼塔；6＝其他：＿＿＿＿；7＝没注意过品牌
D19 通常您在购买右侧所列液态奶产品时，会选择的包装类型：＿＿＿＿（最多选三项） 巴氏杀菌奶：＿＿＿＿；超高温灭菌奶：＿＿＿＿；低温酸奶：＿＿＿＿；常温酸奶：＿＿＿＿ 1＝玻璃瓶；2＝陶瓷罐；3＝塑料瓶；4＝塑料杯/盒/碗；5＝塑料桶；6＝康美包；7＝利乐冠；8＝砖型利乐包；9＝枕型利乐包；10＝屋顶包；11＝利乐钻；12＝透明袋装；13＝百利包；14＝爱克林壶型包装；15＝无固定选择；16＝其他：＿＿＿＿

D20 通常您在购买右侧所列的其他乳制品时，会选择的包装类型：________（最多选三项）

奶粉：________；奶油为：________；黄油为：________；奶酪为：________

1=纸盒装；2=塑料袋装；3=塑料盒装；4=金属罐装；5=铝箔复合材料；6=无固定选择；7=其他：________

D21 请将您在购买下列乳制品时，会考虑的主要因素按照其重要程度以降序排序（可多选）：

巴氏灭菌奶：________；常温奶：________；低温酸奶：________；常温酸奶：________；奶粉：________；奶油：________；黄油：________；奶酪/芝士：________

1=产品质量；2=产品价格；3=产品包装；4=产品规格；5=产品品牌；6=产品购买便利性；7=产品口感风味偏好；8=饮食习惯；9=营养成分；10=烹饪需求；11=文化内涵；12=亲朋推荐；13=无特殊因素；14=其他：________

D22 您是否听说过低温奶产品这一概念？________；（1=有；2=没有），此时访问员向被访者普及低温奶产品的相关信息⑨，在了解了低温奶产品的相关信息后：

（1）若收入不变，您是否愿意在以后购买低温奶产品或增加对低温奶产品的购买？________；（1=会；2=不会；3=不确定）；您会做出此种选择的原因是：________；

（2）若未来收入提高，您是否愿意在以后购买低温奶产品或增加对低温奶产品的购买？________；（1=会；2=不会；3=不确定）；您会做出此种选择的原因是：________；

（3）若您在以后会购买低温奶产品或增加对低温奶产品的购买，则此时您考虑的主要因素是？（最多选三项，并其重要程度以降序排序）：________；

1=产品质量；2=产品价格；3=产品包装；4=产品规格；5=产品品牌；6=产品购买便利性；7=产品口感风味偏好；8=饮食习惯；9=营养成分；10=烹饪需求；11=文化内涵；12=其他：________

提示⑨：低温奶产品主要是指以“巴氏灭菌法”加工而成的奶产品，如“巴氏灭菌奶”和“低温酸奶”等。在营养价值方面，低温奶相较于常温奶是具有一定的优势。低温奶中的微量活性成分和水溶性维生素不会因为超高温加热过程而使这些热敏性活性成分受到破坏；低温奶和常温奶的风味也有显著差别，超高温加热会使牛奶蛋白质变性并产生一定的蒸煮味，因此低温奶的风味会更新鲜纯正。此外，常温奶的原料通常是鲜奶或复原乳，而低温奶的原料为100%液态生鲜奶。低温奶产品因其制作工艺特殊，因此需要冷藏，保质期短，在价格上也比常温奶产品更高一些。

D23（1）您家中是否有18岁以下的家庭成员？若是有，则他/她的年龄为：________；您是否会在他/她的日常餐饮中提供乳制品？________（1=会；2=不会）；若是不会，您的原因是：________；若是会，您主要为他/她提供的乳制品种类为（按食用量以降序排列，最多选三项）：________；

1=巴氏灭菌奶；2=常温奶；3=低温酸奶；4=常温酸奶；5=奶粉；6=奶油；7=黄油；8=奶酪/芝士；9=其他：________

（2）在为他/她选购乳制品时，您考虑的主要因素按照其重要程度以降序排序（最多选三项）：________

1=产品质量；2=产品价格；3=产品包装；4=产品规格；5=产品品牌；6=产品购买便利性；7=产品口感风味偏好；8=饮食习惯；9=营养成分；10=烹饪需求；11=文化内涵；12=亲朋推荐；13=无特殊因素；14=其他：________

（3）在了解低温奶产品的相关信息后：若收入不变，您是否愿意为他/她提供低温奶产品或增加对低温奶产品的提供？________（1=会；2=不会；3=不确定）；您的原因是：________；若未来收入提高：您是否愿意为他/她提供低温奶产品或增加对低温奶产品的提供？________；（1=会；2=不会；3=不确定）；您的原因是：________；

（4）若您在以后会为他/她选购低温奶产品或增加对低温奶产品的提供，此时您考虑的主要因素是？（最多选三项，并其重要程度以降序排序）：________；

1=产品质量；2=产品价格；3=产品包装；4=产品规格；5=产品品牌；6=产品购买便利性；7=产品口感风味偏好；8=饮食习惯；9=营养成分；10=烹饪需求；11=文化内涵；12=其他：________

D24 哪种活动方式会使您增加对乳制品的购买量？________（最多选三项）

1=降价/打折促销/买赠；2=明星代言；3=品牌方宣传（广告、赞助）；4=推出新产品（口味、包装等）；5=亲朋推荐；6=其他：________

D25 您主要通过何种渠道来获取乳制品的相关信息？________（最多选三项）

1=报纸杂志；2=电视广播；3=网页信息；4=手机 APP；5=宣传海报；6=厂商/品牌方线下活动；7=亲朋推荐；8=其他：________

D26 您最信任何种渠道发布的乳制品信息？________（最多选三项）

1=政府部门；2=厂商/品牌方；3=专业机构测评；4=民间测评；5=新闻媒体；6=家人朋友；7=其他：________

D27 您通过何种因素来判断此种乳制品质量的优劣？________（最多选三项） 1=是否是驰名商标；2=是否拥有质量认证标志；3=营养物质含量；4=产品价格；5=原产地信息；6=亲身体验；7=亲朋推荐；8=其他：________
D28 请将您在购买乳制品时主要担心的问题按照其重要程度以降序排序（最多选三项）：________ 1=奶源地是否无污染；2=生产环节是否严格把关；3=营养物质是否达标；4=有害物质是否超标；5=添加物是否安全可靠；6=是否通过质量认证；7=保存期限太短；8=其他：________
D29 若要提高乳制品的质量安全，您认为应该靠？________（最多选三项） 1=生产厂家自觉；2=政府部门监管；3=社会群众监督；4=大众媒体监督；5=其他：________
D30 当年的三聚氰胺事件是否现在还会影响您对乳制品的购买情况？________ 1=完全不影响；2=影响较小；3=一般；4=影响较大；5=完全影响

附　　表

附表1　2018—2019年我国苜蓿干草贸易情况

单位：万美元，吨，美元/吨

月　份	出口金额	出口数量	出口价格	进口金额	进口数量	进口价格
2018年1—12月	5.93	58.13	1 020.37	44 633.21	1 383 521.74	322.61
2019年1月	0.00	0.00	—	3 559.95	112 258.40	317.12
2019年2月	0.04	0.94	399.57	1 497.81	45 254.86	330.97
2019年3月	0.00	0.00	—	2 581.33	77 917.31	331.29
2019年4月	0.00	0.07	405.41	2 763.79	81 302.42	339.94
2019年5月	0.03	0.68	400.00	3 336.54	97 741.78	341.36
2019年6月	7.49	5.56	13 482.28	2 868.28	81 497.14	351.95
2019年7月	11.55	8.36	13 815.87	3 103.34	88 785.40	349.53
2019年8月	12.20	10.62	11 481.36	4 289.74	124 982.85	343.23
2019年9月	9.01	7.93	11 360.06	5 656.26	168 001.96	336.68
2019年10月	9.26	8.82	10 499.94	5 789.09	171 408.92	337.74
2019年11月	16.40	34.45	4 760.20	5 973.16	175 603.30	340.15
2019年12月	0.18	1.89	967.14	4 563.37	131 349.81	347.42
2019年1—12月	66.16	79.32	8 340.87	45 982.67	1 356 104.15	339.08

资料来源：根据海关统计资料整理得到。

附表2　2018—2019年我国苜蓿粗粉及颗粒贸易情况

单位：万美元，吨，美元/吨

月　份	出口金额	出口数量	出口价格	进口金额	进口数量	进口价格
2018年1—12月	0.00	0.00	—	765.88	29 654.64	258.27
2019年1月	0.00	0.00	—	63.07	2 395.40	263.29
2019年2月	0.00	0.00	—	49.97	1 799.91	277.62
2019年3月	0.00	0.00	—	50.72	1 800.12	281.75
2019年4月	0.00	0.00	—	62.91	2 405.00	261.58
2019年5月	0.00	0.00	—	50.42	2018.76	249.75

（续）

月 份	出口金额	出口数量	出口价格	进口金额	进口数量	进口价格
2019 年 6 月	0.00	0.00	—	79.74	3 183.86	250.45
2019 年 7 月	0.00	0.00	—	98.06	3 586.74	273.40
2019 年 8 月	0.00	0.00	—	76.55	2 951.18	259.39
2019 年 9 月	0.00	0.00	—	63.41	2 448.80	258.94
2019 年 10 月	0.00	0.00	—	71.61	2 747.50	260.65
2019 年 11 月	0.00	0.00	—	54.11	1 734.83	311.91
2019 年 12 月	0.00	0.00	—	76.83	2 720.67	282.41
2019 年 1—12 月	0.00	0.00	—	797.41	29 792.76	267.65

资料来源：根据海关统计资料整理得到。

附表 3　2018—2019 年我国燕麦草贸易情况

单位：万美元，吨，美元/吨

月 份	出口金额	出口数量	出口价格	进口金额	进口数量	进口价格
2018 年 1—12 月	0.00	0.00	—	7 972.62	293 641.19	271.51
2019 年 1 月	0.00	0.00	—	755.61	22 928.12	329.56
2019 年 2 月	0.00	0.00	—	488.89	14 304.74	341.77
2019 年 3 月	0.00	0.00	—	464.31	13 126.93	353.71
2019 年 4 月	0.00	0.00	—	614.94	17 279.82	355.87
2019 年 5 月	0.00	0.00	—	626.06	17 564.43	356.44
2019 年 6 月	0.00	0.00	—	714.17	19 791.56	360.85
2019 年 7 月	0.00	0.00	—	984.86	27 108.41	363.30
2019 年 8 月	0.00	0.00	—	919.78	24 818.84	370.60
2019 年 9 月	0.00	0.00	—	847.60	23 039.10	367.90
2019 年 10 月	0.00	0.00	—	842.26	22 651.14	371.84
2019 年 11 月	0.00	0.00	—	532.30	14 759.13	360.66
2019 年 12 月	0.00	0.00	—	846.02	23 529.08	359.56
2019 年 1—12 月	0.00	0.00	—	8 636.82	240 901.30	358.52

资料来源：根据海关统计资料整理得到。

附表 4　2018—2019 年我国紫苜蓿种子贸易情况

单位：万美元，吨，美元/千克

月　份	出口金额	出口数量	出口价格	进口金额	进口数量	进口价格
2018 年 1—12 月	23.22	80.49	2.88	667.86	2 470.23	2.70
2019 年 1 月	0.00	0.00	—	20.36	117.40	1.73
2019 年 2 月	0.00	0.00	—	60.92	160.00	3.81
2019 年 3 月	0.00	0.00	—	110.85	404.32	2.74
2019 年 4 月	2.06	4.00	5.14	121.74	416.45	2.92
2019 年 5 月	0.00	0.00	—	146.25	550.62	2.66
2019 年 6 月	0.00	0.00	—	141.60	435.89	3.25
2019 年 7 月	15.41	53.50	2.88	65.61	291.67	2.25
2019 年 8 月	8.00	30.00	2.67	28.83	98.50	2.93
2019 年 9 月	0.00	0.00	—	0.00	0.00	—
2019 年 10 月	5.40	20.00	2.70	11.15	41.50	2.69
2019 年 11 月	0.00	0.00	—	23.28	53.34	4.37
2019 年 12 月	0.00	0.00	—	0.00	0.00	—
2019 年 1—12 月	30.87	107.50	2.87	730.59	2 569.69	2.84

资料来源：根据海关统计资料整理得到。

附表 5　2018—2019 年我国黑麦草种子贸易情况

单位：万美元，吨，美元/吨

月　份	出口金额	出口数量	出口价格	进口金额	进口数量	进口价格
2018 年 1—12 月	0.00	0.00	—	4 764.82	29 922.27	1.59
2019 年 1 月	0.87	2.87	3.02	157.93	1 180.96	1.34
2019 年 2 月	0.00	0.00	—	52.62	320.98	1.64
2019 年 3 月	0.00	0.00	—	237.36	1 641.79	1.45
2019 年 4 月	0.00	0.00	—	278.41	1 961.51	1.42
2019 年 5 月	0.01	0.01	6.25	401.30	2 892.48	1.39
2019 年 6 月	0.00	0.00	—	502.49	3 674.41	1.37
2019 年 7 月	0.00	0.00	—	625.57	3 952.25	1.58

（续）

月　份	出口金额	出口数量	出口价格	进口金额	进口数量	进口价格
2019 年 8 月	0.00	0.00	—	1 370.31	8 068.36	1.70
2019 年 9 月	0.00	0.00	—	697.40	4 560.94	1.53
2019 年 10 月	0.00	0.00	—	298.49	2 125.92	1.40
2019 年 11 月	0.00	0.00	—	56.19	409.51	1.37
2019 年 12 月	0.00	0.00	—	39.13	320.94	1.22
2019 年 1—12 月	0.88	2.88	3.04	4 717.18	31 110.05	1.52

资料来源：根据海关统计资料整理得到。

附表 6　2018—2019 年我国其他三种草种子进口情况

单位：吨，美元/千克

月份	三叶草		高羊茅		草地早熟禾	
	进口数量	进口价格	进口数量	进口价格	进口数量	进口价格
2018 年 1—12 月	2 945.26	3.77	14 129.73	2.23	6 828.74	4.31
2019 年 1 月	450.20	3.93	1 396.52	2.39	594.23	4.34
2019 年 2 月	10.00	2.50	635.13	2.45	619.64	4.34
2019 年 3 月	363.09	3.91	1 853.99	2.36	1 650.37	4.45
2019 年 4 月	145.61	3.68	2 040.79	2.36	1 270.36	4.40
2019 年 5 月	558.76	3.63	1 373.33	2.27	708.27	4.17
2019 年 6 月	286.27	3.61	351.14	2.17	265.93	4.44
2019 年 7 月	63.00	3.81	702.21	2.38	303.62	5.12
2019 年 8 月	86.99	3.72	490.91	2.23	94.19	3.76
2019 年 9 月	146.25	3.06	135.97	2.32	139.69	4.66
2019 年 10 月	15.00	2.20	262.00	2.35	44.42	2.90
2019 年 11 月	40.80	3.16	225.71	1.97	0.00	—
2019 年 12 月	10.00	2.40	261.73	2.07	0.00	—
2019 年 1—12 月	2 175.98	3.68	9 729.42	2.33	5 690.70	4.40

资料来源：根据海关统计资料整理得到。

图书在版编目（CIP）数据

中国牧草产业经济．2019 / 王明利等著．—北京：中国农业出版社，2020.12
ISBN 978-7-109-27633-8

Ⅰ.①中…　Ⅱ.①王…　Ⅲ.①牧草－畜牧业经济－经济发展－研究报告－中国－2019　Ⅳ.①F326.3

中国版本图书馆 CIP 数据核字（2020）第 250890 号

中国农业出版社出版
地址：北京市朝阳区麦子店街 18 号楼
邮编：100125
责任编辑：刘明昌
版式设计：杜　然　　责任校对：吴丽婷
印刷：北京中兴印刷有限公司
版次：2020 年 12 月第 1 版
印次：2020 年 12 月北京第 1 次印刷
发行：新华书店北京发行所
开本：720mm×960mm　1/16
印张：13
字数：210 千字
定价：50.00 元
